U0468036

2016年度浙江省社科联省级社会科学学术著作出版资金资助出版（编号：2016CBZ10）

浙江省社科规划一般课题（课题编号：16CBZZ06）

当代浙江学术文库
DANGDAI ZHEJIANG XUESHU WENKU

元语言否定的认知语用研究

赵旻燕 著

中国社会科学出版社

图书在版编目（CIP）数据

元语言否定的认知语用研究/赵旻燕著.—北京：中国社会科学出版社，2018.8

（当代浙江学术文库）

ISBN 978-7-5203-1599-9

Ⅰ.①元… Ⅱ.①赵… Ⅲ.①语用学—研究 Ⅳ.①H030

中国版本图书馆 CIP 数据核字（2017）第 288413 号

出 版 人	赵剑英
责任编辑	田 文
特约编辑	陈 琳
责任校对	辛 宜
责任印制	王 超

出　　版	中国社会科学出版社
社　　址	北京鼓楼西大街甲 158 号
邮　　编	100720
网　　址	http://www.csspw.cn
发 行 部	010-84083685
门 市 部	010-84029450
经　　销	新华书店及其他书店
印　　刷	北京君升印刷有限公司
装　　订	廊坊市广阳区广增装订厂
版　　次	2018 年 8 月第 1 版
印　　次	2018 年 8 月第 1 次印刷
开　　本	710×1000　1/16
印　　张	12.75
插　　页	2
字　　数	209 千字
定　　价	55.00 元

凡购买中国社会科学出版社图书，如有质量问题请与本社营销中心联系调换
电话：010-84083683
版权所有　侵权必究

前　言

　　元语言否定（metalinguistic negation）不是一个非常热门的话题，在知网上搜索"元语言否定"只有107条文献信息，相比较而言，其他非字面语言如隐喻、反讽则分别多达40763条和6577条。但这并不意味着我们可以忽视它的存在。元语言否定在以往的研究中并没有获得真正独立的学术地位，对它的讨论要么从属于否定研究，要么依附于语义—语用界面问题。本书希望针对元语言否定进行较为完整、系统的研究。

　　本书主要致力于解决元语言否定的性质和元语言否定的解读两个问题。

　　元语言否定的性质牵涉两个方面，一是否定算子的性质，二是否定辖域内容的性质。荷恩（Horn）认为元语言否定中的否定算子不是标准真值函数性质的，是否定的一种歧义，因此在英语以外的某些语言中会存在不同于一般否定形式的元语言否定特有的形式标记。笔者从跨语言的角度，在汉语、韩语、阿拉伯语和希腊语中，对荷恩（Horn）等人所谓的"元语言否定形式标记"进行了考察，证明这些英语之外的语言中存在的所谓元语言否定的特有形式，不过是一般的语用标记。无论是元语言否定还是描述性否定都只有一个真值函数性质的否定算子，两者的区别在于否定辖域内容的性质：描述性否定辖域内容是对世界状态的描述，而元语言否定辖域内容是元表征成分或如卡斯顿（Carston）所说的回声性内容。

　　卡斯顿（Carston）的回声观点尽管是元语言否定研究的一个突破，但是她对元语言否定的回声性并没有深入研究，因此需要修正和补充。笔者在卡斯顿（Carston）的基础上对回声来源、回声的语用及认知特征进行了探讨。笔者认为元语言否定是一种双声语现象，回声来源就是隐在的他人话语，是回声存在的前提；通过回声话语，发话者意图使受话者注意言语表达延迟明示的除正常外延所指之外的内容，元语言否定所针对的也正是这一内容；回声是一种背景前景化机制，能够实现图形/背景关系的扭转，元语言否定是对原有背景内容的否定。

元语言否定的解读涉及三个方面的内容：（1）如何判断一句话语是元语言否定；（2）确定发话者所意谓的元语言否定的具体涵义；（3）元语言否定能够达到什么样的效果。元语言否定的解读，以元语言否定的辨识为起点，经过具体涵义的确定，最终达到某种交际效果。

元语言否定的辨识很大程度上依赖于语境，因此笔者对影响元语言否定的语境进行分类，并对其影响元语言否定解读的力度进行评估，在此基础上提出一个元语言否定辨识模式。元语言否定不具有概念意义而只有过程意义，元语言否定辨识出来以后，其具体意义，还必须通过和修正句或语境的对比来确定。这一处理过程笔者将在关联理论的框架中进行刻画，并给出一个确定元语言否定具体含义的图式。元语言否定能够达到纠偏、幽默、强调、改变话语权力、团结"圈内人"等效果。

本书就元语言否定最基本的特性回声性进行了一定的发散式讨论：元语言否定的回声性决定了它在语篇结构中是非单调的，而 LDRT 的形式刻画工具，正好能够充分体现这一特性；元语言否定的回声性作为语用因素的语法化，同样也存在于元语言比较中。

本书的完成得到了浙江大学黄华新教授、王小潞教授、徐慈华教授和南京师范大学辛斌教授的指点，在此表示衷心感谢。宁波工程学院的汪缤老师、张晓玲老师等对本书的体例、文字等做了大量校对工作，在此一并致谢。

本书的付梓几经修改增删，但还难免存在一些疏漏之处，敬请广大读者专家指正。

2015 年 12 月

目　　录

第一章　绪论 …………………………………………………… (1)
　第一节　元语言否定研究现状和不足 ……………………… (2)
　第二节　本书研究意义 ……………………………………… (3)
　第三节　元语言否定研究方法论 …………………………… (5)
　第四节　本书框架 …………………………………………… (6)

第二章　元语言否定研究综述 ………………………………… (8)
　第一节　国外元语言否定的研究 …………………………… (8)
　　一　语义途径的研究 ……………………………………… (8)
　　二　语用途径的研究 ……………………………………… (9)
　　三　认知途径的研究 ……………………………………… (14)
　第二节　国内元语言否定的研究 …………………………… (15)
　第三节　问题和启示 ………………………………………… (16)
　第四节　其他相关研究 ……………………………………… (19)
　　一　元语言否定名称由来及与元语言的关系 ………… (19)
　　二　元语言否定的特征 ………………………………… (24)
　　三　元语言否定的分类 ………………………………… (25)
　　四　元语言否定的验证方法 …………………………… (35)
　第五节　小结 ………………………………………………… (36)

第三章　元语言否定算子的性质 …………………………… (37)
　第一节　否定算子性质溯源 ………………………………… (37)
　　一　歧义论 ……………………………………………… (37)
　　二　单义论 ……………………………………………… (39)
　　三　荷恩(Horn)的元语言否定歧义说 ………………… (40)

四　卡斯顿(Carston)的元语言否定真值函数说 …………… (40)
　第二节　跨语言论证 ……………………………………………… (41)
　　　一　汉语元语言否定 …………………………………………… (43)
　　　二　韩语元语言否定 …………………………………………… (57)
　　　三　阿拉伯语元语言否定 ……………………………………… (62)
　　　四　希腊语元语言否定 ………………………………………… (65)
　　　五　跨语言共性的关联理论解释 ……………………………… (67)
　第三节　小结 ……………………………………………………… (68)

第四章　元语言否定辖域内容的性质 …………………………… (70)
　第一节　元语言否定隐性回声性特征 …………………………… (70)
　第二节　再论元语言否定歧义说 ………………………………… (79)
　第三节　小结 ……………………………………………………… (85)

第五章　元语言否定本质回声说的修正与扩展 ………………… (86)
　第一节　回声来源的刻画 ………………………………………… (86)
　第二节　元语言否定的语用本质 ………………………………… (93)
　　　一　回声论无法回答的问题 …………………………………… (93)
　　　二　回声论的修补 ……………………………………………… (95)
　　　三　问题的解决 ………………………………………………… (99)
　第三节　元语言否定的认知本质 ………………………………… (110)
　　　一　图形/背景扭转和元语言否定 …………………………… (110)
　　　二　图形/背景扭转的实现 …………………………………… (111)
　第四节　小结 ……………………………………………………… (119)

第六章　元语言否定的解读 ……………………………………… (120)
　第一节　元语言否定的辨识 ……………………………………… (121)
　　　一　非直义句的两种解读模式 ………………………………… (121)
　　　二　元语言否定辨识模式 ……………………………………… (124)
　第二节　元语言否定具体涵义的确定 …………………………… (142)
　　　一　过程语义与元语言否定的认知图式 ……………………… (142)
　　　二　元语言否定处理过程 ……………………………………… (146)

第三节　元语言否定的效果 …………………………………… (149)
　　　一　勘误 ……………………………………………………… (149)
　　　二　幽默 ……………………………………………………… (149)
　　　三　强调 ……………………………………………………… (150)
　　　四　转变话语权 ……………………………………………… (151)
　　　五　团结"圈内人" …………………………………………… (153)
　　第四节　小结 …………………………………………………… (154)

第七章　元语言否定的 LDRT 刻画 …………………………… (155)
　　第一节　元语言否定的形式化 ………………………………… (155)
　　第二节　元语言否定与 DRT …………………………………… (156)
　　　一　星号条件和逆向指涉 …………………………………… (156)
　　　二　元语言否定的 DRT 分析 ………………………………… (157)
　　　三　DRT 存在的问题 ………………………………………… (158)
　　第三节　DRT 中层次的使用 …………………………………… (158)
　　　一　LDRT 的句法 …………………………………………… (159)
　　　二　LDRT 的语义 …………………………………………… (160)
　　　三　导向性逆向指涉 ………………………………………… (163)
　　　四　元语言否定 LDRT 分析 ………………………………… (164)
　　第四节　小结 …………………………………………………… (165)

第八章　从元语言否定到元语言比较 ………………………… (166)
　　第一节　元语言比较 …………………………………………… (166)
　　第二节　元语言比较的特殊性 ………………………………… (167)
　　　一　句法形态特征 …………………………………………… (167)
　　　二　语义特征 ………………………………………………… (168)
　　　三　跨词类特征 ……………………………………………… (168)
　　　四　语言类型学特征 ………………………………………… (169)
　　第三节　以往研究及不足 ……………………………………… (169)
　　第四节　元语言比较的本质 …………………………………… (171)
　　　一　回声性 …………………………………………………… (171)
　　　二　元语言比较特殊性的回声性解释 ……………………… (173)

- 第五节 元语言比较回声性的证据 …………………… (174)
  - 一 回声性的语篇证据 ……………………………… (174)
  - 二 回声性的跨语言证据 …………………………… (176)
- 第六节 小结 …………………………………………… (178)

第九章 结论和今后研究方向 ………………………… (180)

- 第一节 本书的主要发现 ……………………………… (180)
  - 一 元语言否定算子性质的主要发现 ……………… (180)
  - 二 元语言否定算子辖域内容的主要发现 ………… (181)
  - 三 元语言否定解读模式的主要发现 ……………… (181)
- 第二节 本书的创新点和不足 ………………………… (181)
- 第三节 今后研究展望 ………………………………… (182)

参考文献 ………………………………………………… (185)

第 一 章
绪　　论

元语言否定研究最早始于荷恩（Horn）（1985）的《元语言否定和语用歧义》(*Metalinguistic Negation and Pragmatic Ambiguity*)。这篇文章是元语言否定研究的经典之作，此后的元语言否定研究不管是否同意荷恩（Horn）的观点，都以此为基础。荷恩（Horn）（1985，1989）认为，元语言否定是相对于"描述性否定"（Descriptive Negation）而言的。描述性否定所否定的是句子命题的真实性，即语句的真值条件（Truth Conditions）。而元语言否定则否定句子表达命题的方式的适合性，即否定语句的适宜条件（Felicity Conditions）。"适宜条件"就是为达到特定的目的和适合当前的需要，语句在表达方式上应该满足的条件（沈家煊，1993）。比较例（1）中 a 和 b 两句，可以看出元语言否定和描述性否定的区别。

(1) a. 我不是姥姥，我是奶奶。　　（非 P；Q）
　　b. 我不是姥姥，我是外婆。　　（非 P；P）

a 中的否定句，是描述性否定，是对世界事态的描述："我"不属于姥姥这一集合，而是属于另外一个集合（奶奶）。但是如果 b 也作同样的描述性解读，就会产生矛盾：因为姥姥和外婆属于同一集合。显然 b 中否定针对的不是真值条件内容，而是语言形式，即某种方言。用荷恩（Horn）的话来说，元语言否定是一种对先前已有的说法表示异议的手段，它可以对先前的言语除了真值内容外的任何方面进行反驳：否定预设、规约或会话含义、形态、语体色彩、风格或者语音等（荷恩（Horn），1985）。例如：

(2) A：今天挺暖和，我们去爬宝石山吧。
　　B：今天不是暖和，是炎热，还是别去了。（否定会话含义）

（3）富士康员工不是什么"非正常死亡"，他们是自杀。（否定语体色彩）

（4）A：情人节那天张三送给他女朋友一束/sù/玫瑰花。

　　B：不是一束/sù/玫瑰花，是一束/shù/玫瑰花。（否定语音）

（5）法国国王不是秃子；法国没有国王。（否定预设）

例（2）中"暖和"隐含了级差会话含义"不是炎热"，B对这一含义进行否定；"非正常死亡"是委婉语，例（3）否定的是这种语体；例（4）中B否定的是语音"/sù/"；例（5）否定的是预设"存在一个法国国王"。这些例子中否定针对的都不是真值条件内容。

第一节　元语言否定研究现状和不足

从整体情况来看，元语言否定研究并没有形成气候。元语言否定之所以引起人们的兴趣，很大一部分原因在于它牵涉很多语义—语用的界面问题，如预设、含义等。这是很多学者非常感兴趣的话题，也就是说很多研究元语言否定的人，其实更关心的是语义—语用的界面问题，而元语言否定本身更像是副产品，并非真正的研究目标。元语言否定缺乏全面深入的研究也属于意料之中了。对于一种语言现象的研究，一般总会涉及以下内容：本体研究（是什么），限制条件与诱发机制（如何运作），语用价值（产生什么样的效果，有什么作用），解读过程（如何理解）。但是以往的研究大多只涉及了第一点，分析元语言否定的本质，并且也只是点到为止，即便有什么有价值的发现，也因为研究者"心在曹营"而草草收场，未再有进一步的深入探讨，因此给我们的研究留了很大的空间。

从研究路径上来讲，尽管荷恩（Horn）等人的研究涉及元语言否定的一些语用因素，但是他们的研究更多还是基于语义层面的静态研究，并没有将元语言否定放到真正动态交际中去，因此对于交际者意图和语境等语用因素在元语言否定意义的生成和理解中的关键作用认识不足。这样一来忽略了很多跟元语言否定本质特征息息相关的东西。笔者认为元语言否定是一个言语行为，必须放在完整的动态言语事件中才能体现其真正的意义，也就是说元语言否定的研究不能光停留在否定算子和否定句本身，交际者意图和语境研究才是揭示元语言否定本质特征的关键。

另外先前的研究也不关心元语言否定的认知特征。已有的研究大多局限于从语义层面来探讨元语言否定，希望通过分析否定算子或者辖域内容的性质来彰显元语言否定的本质特征。但是光从语言系统内部来论证元语言否定的本质，显得有点捉襟见肘，如果从语言外部来审视元语言否定的本质，似乎更为合理。正如沈家煊先生等人提倡的应该到语言外部去寻找解释语言结构的理由，这也是认知语言学的一贯主张（沈家煊，1999；石毓智，2000）。笔者认为从认知的角度来分析元语言否定，可以直接切入元语言否定的心理动因和认知机制。元语言否定和描述性否定的本质区别在认知的层面是非常明显的。

从方法上来讲，先前的研究方法较为单一，多数缺乏实证性质的研究，只限于理论阐述，并且所用语料大多来自内省语料，缺乏来自真实语境的语料。这势必影响人们对元语言否定现象认识的全面性，在此基础上得到的对元语言否定本质的认识，其科学性也就值得怀疑了。

现有的元语言否定的观点，存在着不足，虽然笔者比较赞同 Carston 的观点，即元语言否定和描述性否定的根本性区别在于否定算子辖域内容是回声性成分或者说元表征成分。但是她的观点，只能给我们的元语言否定研究指明一个正确的大方向，作为一个比较完整和系统的研究课题，元语言否定的研究显然还有太多需要细化和深入的地方。

总的来讲元语言否定研究属于冷门，并未引起太多的关注，这对于本研究来说，有利有弊。有利的地方是，为我们的研究留下很多余地。不利的地方是，没有太多的研究成果可供参考。

第二节 本书研究意义

元语言否定作为一种语言现象，没有隐喻、反讽那么普遍，其使用情况也没有调查数据，即便元语言否定真的非常少见，也不应该影响它作为一种特有的语言现象应有的学术地位。它有它存在的理由，那么我们就有研究它的理由。元语言否定有其自身的工作机制，有其产生和理解的语用环境，有其特有的语用价值。这些都值得我们去研究。况且，元语言否定作为非直义句的一种，其理解过程是一个较为复杂的心理过程。探讨这一过程，有助于揭示非字面句和比喻性语言的认知加工机制，为建立语言理解的通用模式提供理论依据和实证支持。

其次，元语言否定属于元语言现象的一种。对于元语言或者元语言现象语言学界似乎没有引起太大的重视。正像封宗信（2005b：406）所说，"虽然 Hjelmslev 在二十世纪四十年代就强调了'元符号'或'元语言'在语言学中的重要地位，但是现代语言学家似乎并不十分关注元语言问题。除了屈指可数的语言学工具书（如 Matthews 1997；Malmkjaer 1991；Bussmann 1996；Crystal 1997；Wales 1989 等）、少数导论性著作（如 Lyons 1981，1995；Leech 1974；Dinneen 1967；Palmer 1981；Saeed 1997 等）简要介绍过元语言概念外，一些较大部头的语言学论著对元语言事实和现象却视而不见或避而不谈：（Aronoff and Rees-Miller）编辑的《语言学手册》（The Handbook of Linguistics）（2001）和 Newmeyer 主编的《剑桥语言学通观》（Linguistics：The Cambridge Survey）（1988）分别覆盖了语言学领域的方方面面，竟没有一篇提到元语言或元语言现象"。可以说作为一种重要的语言现象，元语言现象的研究没有得到应有的重视。笔者希望通过本研究，抛砖引玉，引起更多人对这方面语言现象的兴趣。

再次，从元语言否定本身的研究来看，以往的研究并未对元语言否定这一语言现象作一个完整系统的考察，元语言否定研究一直都是附属于否定问题的研究或语义—语用界面问题的研究而存在的，一直以来也没有真正形成自己的研究体系，以致留下许多亟待解决的问题。本研究希望能够将元语言否定本身当作一个独立完整的对象加以考察，以期形成一套关于元语言否定的较为系统完整的理论。

对话语交际和语言教学的意义：元语言否定作为一种交际现象，通过揭示其语用环境、特征和语用动机，可以帮助个体深入了解其使用规律，促进个体更有效地进行交际。研究动态交际中的元语言否定对于语言教学特别有意义。因为元语言否定作为一种核对编码的手段，在语言教学中具有非常重要的地位。在课堂上，经常会有老师纠正学生发音、用词的错误等教学行为。教师们常常会采用元语言否定的形式来达到纠偏和勘误的目的。元语言否定的研究可以为研究教师课堂用语提供一个新的切入点，并且对于培养学生的"元语言意识"也有重大作用。

第三节　元语言否定研究方法论

一　研究目标

针对元语言否定的研究现状和存在的一些问题，本书想要达到如下的研究目标：

首先要回答元语言否定的性质是什么？要解决这一问题，一是要解决元语言否定中否定算子的性质到底是不是如荷恩（Horn）所说的"非真值函数性质的"；另外还要弄清元语言否定辖域内到底是什么样的成分。其次，元语言否定如何解读？因为元语言否定的意义只有在其得到解读之后才能够呈现出来，因此，这一个研究目标是元语言否定整体研究必不可少的一步。

本书首先要解决元语言否定中否定算子的性质到底是不是如荷恩（Horn）所说的"非真值函数性质的"。其次是要弄清元语言否定辖域内到底是什么样的成分。对此笔者虽然赞成卡斯顿（Carston）的回声观点，但是她并未对回声有深入细致的刻画，因此笔者将对其进行修正和补充。再次，笔者还要弄明白元语言否定如何解读，因为元语言否定的意义只有在其得到解读之后才能够呈现出来，因此，这一个研究目标是元语言否定整体研究必不可少的一步。

从宏观的角度来讲，笔者希望通过本研究，可以使更多专家学者来关注这一问题。元语言否定研究尚处于起步阶段，虽然本研究是元语言否定的基础研究，只针对一些关键性问题，但是笔者希望通过本研究能够对元语言否定有一个较为全面细致的把握，从而为元语言否定研究体系的确立作出一点尝试。

二　研究方法

一种语言中的歧义，可能在另一种语言中分化为两种不同的表现形式。元语言否定如果真如荷恩（Horn）所说是否定的歧义，具有不同于一般否定的"非真值函数性质"，那么应当可以在英语以外的某些语言中找到专门的元语言否定的形式标记。因此跨语言的研究可以说是验证元语言否定歧义观的比较对路的研究方法。仅靠单一语言的发掘，很难洞悉元语言否定的共性、本质，因此有必要通过跨语言的观察、比较，来获得对元语言否定本质的认识。元语言否定在不同语言中呈现出的跨语言的共性使我们对其本质有了更深刻的了解。

三　语料来源

我们收集的语料主要有六个来源：（一）网络。笔者先在谷歌（http://www.google.com.hk/）里输入否定词找到否定句，然后再从中筛选出元语言否定句，引用时将注明网址。（二）北京大学汉语语言学研究中心 CCL 语料库、厦门大学在线语料库：方法同上。（三）以幽默风格见长的文学作品，如《围城》、王朔小说等，因为此类作品元语言否定出现的概率比较高。（四）相声、小品、脑筋急转弯等。（五）此外，还有作者在日常生活中积累的一些较为典型生动的例子，有生活对话、电视剧中的对话、电视广告等。（六）部分从参考文献中引用的相关例句，文中将标明出处。总的来说，本书的语料较为真实贴近生活，有真实语境，语料覆盖面较广。

第四节　本书框架

本书分为九章。第一章为绪论。首先指出元语言否定研究的现状和不足，进而阐释本书的选题意义，然后介绍本书的研究目标、研究方法和语料来源等。

第二章回顾了元语言否定的国内外研究，包括语义、语用、认知三个途径的研究；指出先前研究的不足和有待解决的问题，为后面元语言否定中否定算子和辖域内容的性质以及元语言否定的解读等具体论述打下基础。

第三章是对元语言否定中否定算子真值函数性质的跨语言研究，笔者考察了汉语、韩语、阿拉伯语和希腊语中所谓的"元语言否定形式标记"的真正性质，从跨语言的角度驳斥了荷恩（Horn）的元语言否定歧义说。

第四章是对元语言否定中否定辖域内容的性质的探讨。先驳斥荷恩（Horn）等人对元语言否定本质特征的错误观点，接着确立元语言否定隐性回声性本质的观点，在此基础上重新审视荷恩（Horn）的否定歧义论，笔者认为元语言否定回声性观点更为科学合理。

第五章是对卡斯顿（Carston）观点的修正和补充。首先，笔者对回声来源，回声中的他人声音进行了探讨。其次，笔者从发话者意图的角度，对回声进行了进一步的限定，对回声性质作了进一步的分析。只有这样，才能真正区分元语言否定和描述性否定，一些边缘的例子才能得到解释，元语言否定是否具统一机制也才能得到解答。最后，笔者从认知的角度对元语言否定的认知机制作出解释。

第六章是元语言否定的解读。首先是对两种非直义句解读模式的介绍和评价，在此基础上，笔者提出了一个在语境调控下的元语言否定辨识模式；接着笔者对元语言否定具体含义的确定以及能够取得什么样的交际效果进行了探讨。

第七章是元语言否定的形式语言刻画。元语言否定在语篇结构中是非单调的，修正性的。笔者将标准 DRT 扩展为分层式语篇表示理论（Layered Discourse Representation Theory 或者 LDRT），通过将语篇中不同的信息分置于同一分层式语篇表示结构（LDRS）的不同层面，来体现并且解释这些信息。

第八章是与元语言否定极为相关的元语言比较的回声性研究。回声性话语也出现在元语言比较中（赵旻燕，2013），只是元语言否定是言者对先行话语明确表示否定态度，而元语言比较是言者在当前话语和先行话语之间进行比较，认为当前话语更可取，表达的是一种更为温和的态度。同元语言否定一样，元语言比较在句法、语义上也有特殊表现，并且在英语之外的其他语言中也具有某种程度的词汇化。

第九章是总结，指出了此书的创新之处和一些需要进一步研究和深入探讨的问题。

第 二 章
元语言否定研究综述

对元语言否定最先进行较为系统研究的是荷恩（Horn）（1985）。他提出元语言否定句中否定算子是有语用歧义的，否定的是真值条件以外的任何内容，元语言否定以此同描述性否定区分开来。可见，元语言否定句中否定算子性质的问题和否定辖域内容性质的问题是元语言否定研究避不开的基础性问题。国内外的研究基本都是针对这两个问题，分别从不同角度开展的研究（Burton-Roberts，1989a，1989b，1999；Carston，1996，1998，1999；Horn, Laurence，1985，1989；Van der Sandt，1991，1992，2003 等）。针对这两个问题，笔者从语义、语用和认知三种角度，对整个元语言否定研究进行梳理；并对前人的研究进行综合性评价，以使我们对元语言否定的了解从表面现象的描述深入到其本质的解释；了解一些有待解决的问题，开阔研究视野；对前人理论成果扬长补短，真正做到站在巨人肩膀上看待元语言否定这一问题。

另外还有一些散落在各文献中的元语言否定有关内容，因为跟本研究密切相关，笔者一并作了梳理和介绍。

第一节 国外元语言否定的研究

一 语义途径的研究

人们对元语言否定现象的关注，最早可以追溯到亚里士多德。亚里士多德对否定进行研究时，就涉及元语言否定中的级差含义否定。后来的叶斯珀森（Jerspersen）（1924）认为，"不"可以表示两种意义：大多数语言的一般规则是，"不"表示"少于、低于"（less than）或者说"介于所修饰词和零之间"，而不表示"多于、高于"（more than）。如"不好"表示的是"差的、次的"，而不包括"好极了"的意义。这是否定的第一种意义，第二种意义可以表示多于、高于之意，但这是例外情况，并且这个时候"不"之后的那个词必须加重音,而且在包含"不"的否定句之后往往得跟一个句子,来进一步确切的说明。如"不是高兴,而是欣喜若狂",由后续部分"而是欣喜若狂"可知,"不"表示的不是"低于"而是"高于"之意,即"高于高兴"而变成"欣喜若狂"了。"不"用于"低于"之意时,可以称为一般否定或无标记否定(unmarked negation),而用于"高于"之意时则称为特殊否定或标记否定(marked negation)。这是对元语言否定中的级差含义否定较为详细的描述。Jerspersen只是对这一现象的语义进行了描述,并未深入到否定算子或者否定辖域内容的性质等问题。

元语言否定的另外一个非常重要的方面与预设研究有关。在很长一段时间里,包括到目前为止,预设都是一个很麻烦的话题,牵扯了许多的纷争。其实"元语言否定"这个术语最先就是在 Ducrot 研究预设的文章里提出来的。Ducrot 认为,描述性否定是对事实的评价,能够保留预设,而元语言否定是对言语的评价,取消预设(Horn,1985)。

关于取消预设的元语言否定研究可以上溯到弗雷格(2001)和罗素(Russell)(1905),一百多年来,与预设相关的否定问题一直纠缠着哲学家、逻辑学家、语言学家们。围绕着语言中的否定(not)到底是一个语义算子,还是两个语义算子,是否存在着歧义性,所谓标记否定究竟有什么特殊性,该如何下定义等问题,提出了各种不同的理论。从语义上来解释预设取消否定,归纳起来无非就是这么两种观点:持歧义论的人认为否定算子要么自身有两种意义(取消或保留预设),要么辖域有两可性(内、外部否定);持单义论的则认为内部否定可以衍推外部否定:如果存在一个当今的法国国王,并且这个国王不是秃子,当然就不会有当今法国国王是秃子这回事,因此内部否定和外部否定就不能被看成是歧义,并且没有哪种自然语言采用两个截然不同的否定算子区分两种否定(Gazdar,1979)。

二 语用途径的研究

荷恩(Horn)认为自然语言中两种主要的否定变体的区别和联系没法在语义阵营讲清楚。实际上语义阵营并未专门针对元语言否定进行讨论,他们讨论元语言否定,真正的目的是为了弄清预设问题。元语言否定研究的里程碑应该是荷恩(Horn)(1985)。之所以说是里程碑,是因为在这篇文章里，荷恩（Horn）专门针对元语言否定的各种形式作了完整详尽的整理，对元语言否定进行界定，概括其特征，提出区分描述性否定和元语言否定的一些方法，并专门讨论了否定算子的性质。荷恩（Horn）认为否定确实有歧义，但这种歧义并非语义歧义，而是语用歧义，是一种内在的用法上的两可性。这是一种否定的特殊标记用法，无法约化为普通的真值函数算子。例如：

（6）张三没有解决一些问题——他解决了所有问题。

这是对会话含义的否定，无法简化为真值函数算子。

荷恩（Horn）认为元语言否定既不是我们熟知的与否定真值表相关的真值一阶联结词，也不能被定义为一个独立的逻辑算子。它与真值函数否定的差别在于它是一种元语言算子，可以被解释成为"我反对你的话语 U"。U 是言语，而非抽象命题，这一点至关重要，由此才称为元语言否定。它否定的不是（命题的）真值，而是（言语的）可断言性。也就是说元语言否定并不是否定命题的真值条件，而是要断言说话者不愿意断言这个命题。荷恩（Horn）认为含义否定、风格、语体否定等否定形式和前面提到的预设取消的经典例子最主要的相似之处在于：这些否定发生的自然语境是对同一话语语境中先前的其他说话者进行应答（或者是同一说话者中途对他先前所说的话进行纠偏）。说话者利用这种否定，宣告他们不愿意用某种特定的方式进行断言，或不愿意接受其他人用这种方式进行断言。正是考虑到这些否定的相似表现以及奥康姆剃刀原则，荷恩（Horn）认为应该把预设否定跟含义否定以及对发音、形态、句法、语体色彩等的否定统括起来，贴上元语言否定的标签。

荷恩（Horn）开了元语言否定研究的先河，并且将元语言否定的研究带入语用领域，而这也引发了对元语言否定本质的争议。

争议一，元语言否定是否具有统一机制？戈茨（Geurts）（1998）认为所谓的"元语言否定"现象并不像荷恩（Horn）等人所认为的具有相同机制，不应该用统一的"元语言否定"这一称谓，而应该区别对待。他把元语言否定还原成含义否定、预设否定、命题否定、形式否定。他认为尽管这几种否定都需要特别的解读过程，因此具有标记性，但是除了这一点之外，没有什么共同之处。含义和形式否定具有同一机制——语义迁移，它们之间的区别在于形式否定是唯一的真正意义上的元语言否定，因为形式否定指向的是语言对象。预设否定和命题否定直接就否认一个先行言语，而不像含义否定和形式否定那样是修正这一言语，从这一点上来说命题否定和预设否定具有相似性，不同之处在于前者针对先行话语的断言内容，后者针对预设内容。

戈茨（Geurts）从各种形式的否定的机制出发，反对用一个统一的概念来囊括这几种否定现象，可见问题的症结还在于元语言否定的本质。如果元语言否定的本质弄清楚了，第一个问题自然也迎刃而解了。

争议二，元语言否定的本质是什么？否定算子和否定辖域内容具有什么样的性质。

荷恩（Horn）声称元语言否定是语用歧义。其实他所谓的歧义有两层。首先是否定算子本身有歧义：一个是逻辑的、维持真值的否定，另一个则是非真值函数性质的算子，用来表达对先前话语的否认或反对。另外一层歧义是关于辖域内容的性质的：即辖域内容是言语还是命题。这两个层面的歧义对 Horn 来说是必须面对的。在他看来，言语，尤其是诸如(7)的那些非真值条件的、形式上的特征是不能落入像逻辑"非"这样的命题算子辖域内的。

(7) 从前，有个县官写字很潦草。这天他要请客，便写了一张字条叫差役买猪舌。谁知"舌"字写得太长，分得太开，差役误以为叫他买猪"千口"。这可忙坏了那位差役，跑遍了城里，又到四乡去购买，好容易买到五百口猪。他一想交不了差，便向老爷求情，希望少买五百口。县官生气地说："我叫你买猪舌，没有叫你买猪千口。"差役听了，应声道："还好还好！不过以后请老爷注意，若要买肉，千万写得短些，不要让我去买'内人'。"

像这个例子中的字形，在荷恩（Horn）看来是不能成为真值函数性质的否定的操作对象的。

麦考利（McCawley）（1991）支持荷恩（Horn）的否定歧义观，他认为元语言否定辖域中不是真值条件内容。他专门讨论了一类"对比否定"，它们具有同元语言否定一样的结构形式（不是 X 是 Y），"对比否定和元语言否定之间存在着一定的关联，因为元语言否定往往都是对比否定"（McCawley，1991：189）。但如果对比否定辖域内是真值条件内容的话，此类否定则为真值函数性质的。麦考利（McCawley）认为肯定极性词、修正式及回声性用法并非元语言否定的必要条件（Chapman，1996）。

卡斯顿（Carston）所持观点与荷恩（Horn）相对。卡斯顿（Carston）认为自然语言不存在也没有必要存在第二个否定算子。元语言否定中的否定算子本身没有特别的意义，不具有像荷恩（Horn）那样的解释（我反对你的话语U），而是标准的描述性真值函数性质的否定。她认为如果元语言否定如Horn所说的那样可以基于任何立场来反驳先行话语，那么自然也应该包括命题内容，从这一点来说也应该是真值函数性质的。而落入否定算子辖域中的内容应该被解读为Sperber & Wilson（1986，1995）所说的"回声"（echo）。无论这种回声是语言材料（包括语音、形态和句法）还是非语言的声音或记号都不会对算子本身的理解产生任何影响（Carston，1999）。否定算子操作对象是命题。命题是语义解码和语用充实共同作用的结果，但是语义解码只负责一小部分内容，大部分要通过语用充实来完成。否定算子拥有最宽的辖域，所以可以取消对应肯定句所有的蕴含，但是否定算子究竟针对哪一部分，则要靠语用推理来完成。

Noh Eun-Ju（2000）基本上采用了卡斯顿（Carston）的观点，他也认为元语言否定同描述性否定一样是真值函数性质的，两者的区别不在于否定算子的性质，而在于落入否定辖域中的内容的性质。但他不赞成否定辖域内容是回声性用法，他发现有的元语言否定不是回声性用法而且并非所有元语言否定都必须包含发话者态度，例如（8）—（9）

(8) 她不是好学生。她不是有时候迟到，她经常迟到。我不能给她写推荐信。

(9) A：你找到舞伴了吗？
B：没有，她们要么很漂亮，要么很聪明。可我想找既漂亮又聪明的。
A：玛丽可不是要么漂亮，要么聪明，她就是既漂亮又聪明的。我把她介绍给你吧。

Noh Eun-Ju 认为，（8）中的元语言否定实际上并没有对应的先行言语，因而不属于回声性使用。（9）中，通过说"玛丽不是要么漂亮，要么聪明",A 可能只是指出"并非两者都",但他并没有表达不同意 B 的言语的态度。

Noh Eun-Ju（1998）认为元语言否定其否定内容有元表征成分，这种成分需要通过语用充实，成为真值条件内容。他从关联理论的角度对元语言否定进行了解释。

Van der Sandt（1991）也为我们提供了一种相似的说法"回声性反驳"（echoic denial），否定算子所辖除了含义和预设外，还包括命题内容，他也认为否定算子是真值函数性质的。

戈茨（Geurts）尽管不承认元语言否定这一概念，但他也认为自然语言的否定算子是真值函数性质的，并且其用法当中也不存在歧义。命题否定中的否定算子毋庸置喙自然是真值函数性质，而含义否定、形式否定中否定算子所辖内容是语义迁移后的新的语境意义，有了语义迁移，否定算子用来否定的是迁移后的"意义"而不再是语用含义了，因此否定算子是描述性的而非元语言性质的。在笔者看来 Geurt 的"语义迁移"与卡斯顿（Carston）的"语用充实"有异曲同工之妙。

在围绕元语言否定辖域内容的性质的争议上，有两点需要我们特别注意的，一个是回声来源的问题，Noh Eun-Ju 之所以要提出一个元表征的说法，是因为他所理解的回声来源和 Carston 所提出的回声观存在着一定的偏差，例如，Noh 的回声必须是对先行话语的回声，其范围明显窄于 Carston 提出的回声概念。这提醒我们在对 Carston 理论进行修正和补充时有必要对回声来源进行细致刻画。另一个问题，就是真值条件语义内容或者说命题内容能否成为元语言否定的辖域内容，这对于理解元语言否定的本质有着至关重要的意义。

争议三，元语言否定的解读是否涉及矛盾和二次解读？对元语言否定性质的不同认识以及各自所持的不同的语用推理原则，会得出不同的解读过程。

荷恩（Horn）（1985，1989）和 Burton-Roberts（1989a）认为元语言否定都是花园幽径句（garden-path utterance）。第一次的描述性否定解读与后续修正句矛盾，因此需要二次加工：第一遍的描述性否定是基础的，当描述性否定解读与修正句产生矛盾无法进行时，就要触发第二次的元语言否定解读，将否定算子解读为"我反对你的话语 U"。荷恩（Horn）认为由语义矛盾触发的二次解读是元语言否定的本质特征。

卡斯顿（Carston）对元语言否定二次加工论持否定意见，她认为二次解读并非元语言否定的必要条件。她举了三种不需要二次解读的情况：修正句提前；回声性话语因为带有指示词或引号等而不再是隐性的；指向元语言否定意义的语境信息非常强，这几种情况都不需要二次解读。

上述三个问题是元语言否定研究必须面对的核心问题，笔者的研究也基本上围绕着这些问题来展开。

三　认知途径的研究

一些学者认为前面的元语言否定研究涉及的语义—语用界面问题，是个雷区，界面问题本身就很有争议，会对元语言否定研究造成障碍。认知语言学的发展，使得这些学者能够从另外的视角来审视元语言否定，跳出语义—语用纷争，并发现新的东西。

费尔默（Fillmore）（1977）认为词汇语义模型具有经验特征："我们对任何语言形式的知识都是与某种有意义的个人情景相关联的"（同上：62）。这样一来，建构同一个情境（situation），就可以采用多种方式（框架），导致最后的结果是同一情境在不同框架中可以有不同的理解。例如：

（10）a. 他不保守—他很开明。
　　　b. 他不是保守—他是谨慎。

在（10）a 中，发话者在"保守—开明"的框架内，告知听话人"保守"用来描写"他"的性格时使用错误。而在（10）b 中，说话人要告诉听话人的是"他"的性格不应该用"保守—开明"的框架来衡量，而应采用"谨慎—冒失"这一框架。因此元语言否定从认知的角度来讲，就是发话者认为某一特定框架运用不恰当而对它进行反驳。

Marmaridou（2000）的研究基于费尔默（Fillmore）框架否定的基础之上。他认为从认知的角度来分析元语言否定，可以避开语义—语用界面问题，而直接切入元语言否定的心理动因和认知机制。他对元语言否定的研究只涉及了含义否定和预设否定，并且也没有对这两者进行区分。他认为预设否定本质上是框架间否定和理想认知模型的否定和重建。在笔者看来 Marmaridou 对费尔默（Fillmore）的研究并未有什么突破，因为他的理想认知模型和费尔默（Fillmore）的框架并无什么本质区别。并且两者都只涉及了元语言否定中的个别类型：预设否定和含义否定。

第二节　国内元语言否定的研究

国内有很多介绍元语言否定的文章，最早见于沈家煊（1993）。沈家煊把元语言否定称为"语用否定"，与"语义否定"相对。沈文列举了五种元语言否定，即否定会话含义、否定风格、色彩等、否定预设和否定语音或语法上的适宜条件，并从功能和形式上列举了语用否定的三个特点：元语言否定的引述性、辩解性以及元语言否定本质上是一种言语行为。此类文章还有孔庆成（1995）、梁锦祥（2000）、席建国、韦虹（2002）等。有专门针对元语言否定特征的，如张克定（1999）和康天峰（2004），他们介绍了元语言否定在句法结构、语言和语境上的特征。还有元语言否定的英汉对比研究，如张迨（1996）以及其他语言中的元语言否定，如姜宏（1997）。

也有介绍元语言否定个别类型的，如徐盛桓（1994）从新格莱斯理论（荷恩（Horn）的级差含义）的角度专门讨论了元语言否定的一种：级差含义否定。张和友（2002）也是这类研究。另外还有针对预设否定的研究，如刘乃实（2004）。

刘文也是从认知角度来探讨预设否定的文章，他的观点与 Marmaridou 相同。梁晓波（2004，2005）是对否定的认知研究，其中有一部分是用福康纳（Fauconnier）的心理空间理论分析预设否定。从认知的角度对元语言否定的研究，还有高航（2003）。他从认知语言学对语句真值的定义出发，提出元语言否定实质是对他人关于事物范畴的判断所进行的否定。高航（2003）认为以往的元语言否定研究都是建立在传统的真值语义理论基础之上，这样的逻辑意义上的真值观比较"狭隘"，"忽视了说话人和受话人的理解在判断语句真值中的中心作用"。（高航，2003：99）他采用了认知语言学的真值观，认为真值具有动态性：句子并不能独立于人类的目的而具有真值，语句的真值总是相对于人类的理解而言（Lakoff & Johnson，1980；lakoff，1987）。例如"法国是六边形的"对于一个要画粗略地图的小学生来说可以为真，但对于一个职业地图制作者来说就不是真实的。因此"元语言否定本质上涉及范畴判断问题。相对于每一个语境，都有一个或多个适合于该语境的范畴。只要说话人认为对方选择的范畴不适合于该语境，就可以使用元语言否定来否认对方话语的真实性。"

何春燕（2002）也论述了语用否定，但是她的语用否定不同于沈家煊的语用否定，从她的论述及所举例子来看，她所谓的语用否定范围要大于元语言否定。她认为有两种语用否定，即显性和隐性语用否定。在她看来语用否定不过是多用于非正式场合的一种语言技巧。她也涉及了元语言否定的理解问题，还是没有跳出二次解读的观点。

也有对元语言否定的逻辑分析，如杨先顺（2005）。杨文只是对元语言否定中的预设和会话含义否定这两种元语言否定形式进行了形式分析。他的预设否定的描述基于三值逻辑，而会话含义否定的描述又是基于二值逻辑，并没有统一的语义基础。这是一个很大的硬伤。

专门研究元语言否定的学位论文只有4篇硕士论文：宋铁民（2005）、杜国东（2006）、宋冬冬（2007）、张楠（2007）。其中杜文在荷恩（Horn）的基础上进行了元语言否定的英汉对比研究，并介绍了元语言否定的语用功能。其他三篇都是元语言否定的认知研究。在 Marmaridou（2000）理想认知模型（ICM）否定的基础上，他们提出了元语言否定是对优先理想认知模型（PICM）的否定。

总的来说国内的研究比较零敲碎打，不成体系。大多是在荷恩（Horn）（1985）的基础上的介绍性文章，很少有对其他人的介绍（只有景晓平（2002）较为详细地介绍过卡斯顿（Carston）的回声理论）。而对于元语言否定的来龙去脉，对于元语言否定中各家各派争论的焦点，真正的重点问题：如元语言否定的本质属性，否定歧义问题，元语言否定解读等问题很少涉及。

第三节　问题和启示

通过对元语言否定研究的梳理，笔者发现了一些问题，必须引以为戒，同时也得到了启示。

（1）对元语言否定本质的研究是关键中的关键，弄清了这一点，元语言否定是否具有统一机制，元语言否定包不包括真值条件语义否定（真值条件能否作为区分元语言否定和描述性否定的标准）等问题就能迎刃而解。尽管荷恩（Horn）一再强调他对元语言否定的研究是语用研究，因此将元语言否定称为语用歧义，但是实际上还是语义分析，因为他只把眼睛盯在了否定算子的歧义问题上，难怪 Van der Sandt 等人（Van der Sandt，2003；Noh，2000）要说荷恩（Horn）再三强调的所谓语用歧义实际上不过是语义歧义。他要把一些属于语用范畴的东西纳入到语义框架下，也就是说，元语言否定明明是一种言语行为，它的意义是在实际的动态交际过程中产生的，但他偏偏要从语言系统内部来寻找解答的方案，削足适履，最终无可避免地陷入否定歧义说。荷恩（Horn）的元语言否定歧义观点有着诸多缺陷，这导致很大问题，因为这意味着某些自然语言的否定不具有统一的语义基础；同样也意味着必须在自然语言中硬造出一个有歧义性的否定，然而笔者却没有发现有什么语言有带歧义的否定算子。

（2）回声论尽管比歧义论有所进步，但是严格地说，也还是没能跳出静态语义研究的窠臼，没有从语言交际的实际出发，忽视了回声来源、发话者意图和认知语境在元语言否定话语中的重要作用，也忽视了元语言否定的心理认知机制。卡斯顿（Carston）理论的不完善，也可能与她当时的主要目标有关。因为荷恩（Horn）的研究奠定了人们对元语言否定固有的看法，而卡斯顿（Carston）首先要做的是推翻荷恩（Horn）的观点，因此她有很多地方是在荷恩（Horn）的既定框架下对荷恩（Horn）进行驳斥。遗憾的是她对自己提出的元语言否定的隐性回声性观点，却没有再深入下去。这使得她的理论同样也没有能够很好地解释元语言否定的本质。

光隐性回声不足以说明元语言否定的本质，隐性回声是必要而非充分条件。所以要对隐性回声的内容作进一步刻画——这些不同的表象后面究竟有什么共同的东西使得这些不同的隐性回声可以归为同一类——元语言否定。在卡斯顿（Carston）的理论中，交际者意图和语境等语用因素，没有得到充分发掘。其实回声理论的理论基础——关联理论的基本观点就是对交际者意图的把握，在关联理论看来，话语传递的不仅仅是语码携带的信息，更重要的是通过这一信息，交际者所要传递的意图。笔者认为对交际者意图研究的欠缺正是目前回声性理论最为不足的地方，因为这直接影响到对元语言否定本质的研究。元语言否定所要否定的内容正是先行话语（回声来源）发话者意欲传达的意图之外的信息，这在后面的研究中会有详细的说明。

另外，元语言否定句既然是回声性语言，那么对回声的来源的研究是不可避免的，但是回声来源，尤其是先行话语的研究似乎并未引起足够重视。

（3）认知途径对于元语言否定的研究有一个共同的不足之处，那就是它们并未涉及语音、形态等跟语言形式有关的否定。这是因为，无论是框架、范畴判断还是理想认知模型都是认知语言学用来解释语义概念的工具，这一工具只针对语义内容，而语音、形态等语言形式上的内容不是认知语言学关注的重点，但是这恰恰是元语言否定非常重要的一部分。这一部分的缺失可以说是认知途径研究的一个很大的欠缺。

另外认知语言学的真值观看似很高明，但实际上存在着根本的缺陷。他们的真值观植根于经验主义，而实际上经验主义者最感兴趣的是概念隐喻方面，他们并没有一个研究意义的理论（Rakova, 2003：27）。这也就是为什么他们的观点并没有在认知科学领域，特别是哲学领域更为广泛地流行的原因（Gibbs, 1994：437）。经验主义者声称，"意义总是人类理解的问题"（Johnson, 1987：174），"意义基于经验的理解"（Lakoff 1998：150），甚至说"我们体验意义"（Johnson & Lakoff 2002）。Marina Rakova 认为，这样的说法是不能算作意义理论的。尽管说概念同经验有明显的关系，但我们也不能说我们"体验"概念，更不能说"体验"意义。任何意义理论都必须提供规范性的概念（notion of normativity）（Marconi, 1997）。因而在 Marina Rakova（2003：28）看来，除了反复地说意义是具体化的，抽象概念是通过概念隐喻来理解的，似乎经验主义者并没有告诉我们任何其他东西。

但是不能否认，认知途径独辟蹊径，具有深刻洞见，为元语言否定研究提供新的视角，能够很好地解释其区别于描述性否定的本质特征。只要找到合适的理论工具，从认知途径展开的研究应该会有令人惊喜的发现。

（4）综合地来看，元语言否定是一个多面体，只有多种视角的观照，呈现在我们面前的元语言否定才会尽可能地接近真实。从语义途径，我们可以关注否定算子的性质，弄清元语言否定是否真的具有非真值函数性质；从语用途径我们可以关注辖域内容的性质，弄清发话者通过元语言否定究竟传达什么样的意图；而认知途径则可以避开语义、语用的纷争，直接从元语言否定意义的心理建构来透视元语言否定的本质。笔者认为对元语言否定的考察应该要从多个途径来进行互补性研究。

第四节 其他相关研究

元语言否定还有一些散见于各文献的相关研究,尽管并非本研究的重点,但因为跟我们后面的研究有关联,因此有必要一并做一下整理和介绍。

一 元语言否定名称由来及与元语言的关系

其实元语言否定作为一种较为特殊的语言现象,早已为人们所注意到了,只是没有对其进行专门系统研究,这类现象也没有一个统一的名称。笔者前面也提到"元语言否定"这一说法来自于 Ducrot(Ducrot,1973:240;转引自 Horn,1985)。Ducrot(1973)之所以给这种否定现象冠以"元语言否定"之名,主要是考虑到这种否定针对的是语言本身,即具有自指特性,发挥的是元语言功能。

元语言是波兰逻辑学家塔斯基(Tarski)为了解决"说谎者悖论"而提出来的。古希腊克里特岛上的一个人说:"克里特岛上的人是说谎者。"如果这是句真话,那么克里特岛上的人是说谎者,他自己是克里特岛人,推出结论,此人在说谎,那么他说的这句话就不是真的,前后矛盾。如果这是句假话,则克利特岛人不说谎,那么这句话就不是假话,前后也矛盾,这就产生了悖论。(陈明远,1984:155;威廉·涅尔、玛莎·涅尔,1985)。

塔斯基(Tarski)解决这个问题的途径是区分了"元语言"和"对象语言"。语言是有层次的,当语言用来讨论事物时,事物是讨论的对象,语言是讨论的工具。但是语言本身也可以成为讨论的对象,这时候,被讨论的语言是对象,讨论语言的语言是工具,所以语言既是对象又是工具。根据《语言与语言学词典》(*Routledge Dictionary of Language and Linguistics*),语言学对元语言的定义是 "Second - level language (also called language of description) by which natural language (object language) is described"(Bussmann,2000:303)。也就是说,元语言是一种第二层级的语言(也称作描述语言),被用来描述第一层级的自然语言(对象语言)。Tarski 的经典例子("雪是白的"为真,当且仅当雪是白的),前半部分("雪是白的"为真)是元语言,因为它是描述对象语言"雪是白的"的句子;后半部分(雪是白的)是对象语言部分,因为它是描述外部世界的句子。前半部分"雪是白的"加引号,这是包含在元语言中的对象语言，也就是说，它只是右边对象语言句子的一个名称，而不直接描述语言外部事物，它只指向语言自身（Lyons，1981）。

语言符号在不同层次上的意义有多种体现，比如说瑟尔（Searle）（1969：73 - 74）提到过的语言的"使用"和"提及"。

（11）a. 苏格拉底是哲学家。
　　　 b. 苏格拉底有四个字。

（11）a 中的"苏格拉底"是语言的使用，指某个具体的人，因此是对象语言；而（11）b 中的"苏格拉底"则是"提及"和谈论，指的是"苏格拉底"这个语言符号本身，是元语言。而元语言否定也体现出语言的这种层次性：它是对语言自身的一些特征的否定，而非否定一个事实。

"说谎者悖论"就是因为混淆了不同层次的语言造成的。"克里特岛上的人是说谎者"这句话一方面描述客观世界，另一方面又反指语句自身（谎话是对语句自身的否定）。两个层面混在一起，就产生悖论。①

元语言的自指性（self - referentiality）和反身性（self - reflexivity）特征从符号学的角度也许看得更清楚一些。我们先来看一下奥格登和理查兹的"符号学三角"（Semiotic Triangle）（见图 2 - 1）（奥格登、理查兹，2000）。

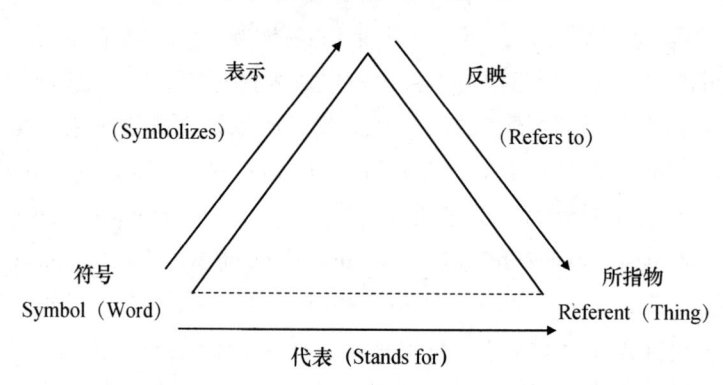

概念 Concept（Thought）

表示　　　　　　　　反映
(Symbolizes)　　　　(Refers to)

符号　　　　　　　　　　　　　所指物
Symbol（Word）　　　　　　　Referent（Thing）
　　　　代表（Stands for）

图 2 - 1

---

① 说谎者悖论的消解可以参考黄斌（1999；2009）

概念是反映客观事物的，是在客观事物的基础上概括而成的，概念和所指物直接联系，因此用实线表示概念指向所指物；概念是个抽象的东西，它通过符号表达出来，两者也是直接联系，因此也用实线表示；而符号和所指之间的关系是任意的、"约定俗成"，没有直接联系，因此用虚线连接。从这个图中，我们可以看出，在常规第一级的语言使用系统中，词（及句子）作为语言符号，总是指向概念和语言系统以外的现实存在（包括实物以及抽象概念）。（王铭玉，1998）

在"语义三角"的基础上，笔者给出了一个元语言的符号学表征，如下图。

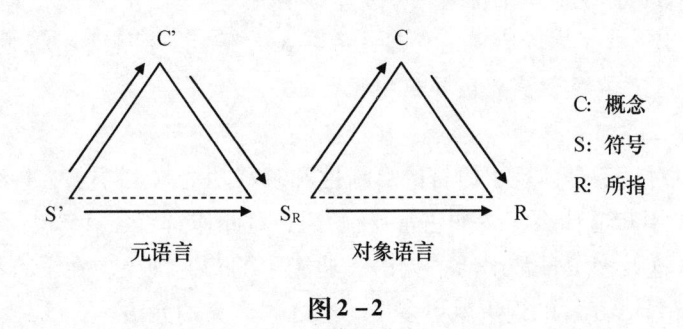

C: 概念
S: 符号
R: 所指

元语言　　对象语言

图 2-2

在这个图中右边的三角代表对象语言系统的语义关系，左边的三角代表的是元语言的语义关系。在元语言使用的系统中，"符号（词及句子）所指的概念并不是语言系统以外的实体对象。也就是说，语言符号的意义指向了语言符号或语言系统自身"（封宗信，2005b：404）。作为第二层级的元语言符号 S'，它所指的不再是现实存在 R，而是指向第一层级的语言符号 S_R。

在描述自然语言时，逻辑学上的形式化符号，语言学家用的术语都是元语言；日常生活中也存在元语言使用，就是用来描述和指称普通语言使用的语言，如提及、引用等，或者是本研究要讨论的元语言否定。

其实日常语言中的元语言使用是非常普遍的，并且发挥着重要作用。尽管元语言的自指性造成了"说谎者悖论"这样的逻辑悖论，但是如果语言不能指向自身，不能自我解释，"人就不能确认和核对具体语境下的语码所表达的信息，也就无法对语码进行解释并消除交流过程中的误解"。（封宗信，2005a：25）在交际过程中，交际双方不可避免地要对语言进行确认。正如雅各布森（Jakobson）(1960：356) 所说，当信息发送者与（或）信息接受者需要确认他们是否在使用同一个"语码"（code）时，他们的话语焦点就聚在语码上。这时，语言发挥的就是元语言（即解释（glossing）功能）。语言的元语言用法，在日常生活中并不少见。例如，我们经常可以看到这一类的交际场景：

(12)[电视新闻：今后，凡发生涉案人员非正常死亡案事件的，县公安局长、分管局长要引咎辞职或责令辞职，省辖市公安局长要到省公安厅作出深刻检讨。]
　　A：你说"非正常死亡"是什么意思？
　　B：非正常死亡就是外部作用导致的死亡，不是像病死或老死这样由于内在的健康原因导致的死亡。

这段对话正是体现了语言的自指性和解释功能（刘福长，1989）。正是因为 A 不知道什么叫"非正常死亡"，B 对此作解释，才产生了这样一段对话。这代表了日常生活"元语言功能"的普遍现象。在语言教学中，这种"解释语言"的现象就更多了。总之"广义的元语言，既是'解释'或'核对语码'的工具，也是语言学研究中不可替代的描述工具"（封宗信，2005b：409）。从人类交际的层面来讲，元语言否定的实质，其实就是利用了日常语言的元语言功能进行语码的核对和校正。

Ducrot（1975）提出的术语也正是因为考虑到元语言否定涉及语言的自指和反身现象。Ducrot 后来把"元语言否定"改为'辩驳否定'。荷恩（Horn）(1985) 认为，这个术语不如"元语言否定"确切，因为"辩驳"外延过大。Ducrot 原先提出的"元语言否定"和"描述性否定"这对术语，为荷恩（Horn）(1985) 继承下来，并发扬光大，对元语言否定作了进一步研究，元语言否定的这一说法也一直为研究者使用。只是在国内的研究中使用了不同的名称，如语用否定（沈家煊，1993）、含意否定（徐盛桓，1994）等。但是，笔者现在使用"元语言否定"这个称谓，主要是考虑到这种否定是对语言自身的一些内容的否定，也就是说它涉及语言的自指，因此从这个意义上来讲，笔者还是采用了 Ducrot 的说法。

首先，"语用否定"这个概念其实是比较模糊的。例如，何春燕曾提出不同的"语用否定"概念，她认为语用否定应该指那些"其理解只能依赖语境（尤其是言外语境），否则便只有字面意义的一类否定"，因此语用否定的外延实际上要大于元语言否定，除了元语言否定这类"显性语用否定"之外，语用否定还包括"隐性语用否定"，即通过违反会话原则和通过否定间接言语行为而进行的间接否定。例如：

  (13) A：要下雨了。
    B：不，请别走，再多待一会儿。

  (13)中，B的"不"并非否定"要下雨了"，而是A的间接言语行为"我得走了"。（何春燕，2002：23）

  另外，"语用否定"这一说法，可能更多地考虑到这一否定针对的不是句子的语义"真值条件"，而是语用"适宜条件"。所谓"适宜条件"就是"为达到特定的目的和适合当前的需要，语句在表达方式上应该满足的条件"，因此否定句的适宜条件往往就是含义或言外之意或者语音句法上的适宜条件，而非真值条件的意义（沈家煊，1993：321）。可见"语用否定"这一称号首先要以解决语义和语用界面问题为前提。但是，这样一来无疑捅了马蜂窝，因为语义—语用界面问题显然是一个非常麻烦、非常棘手的问题。举个最简单的例子：如果说违反"会话含义"或者"规约含义"使得一句话不适宜而使人无法接受，那么与真值条件意义相悖岂非最大的不适宜。

  (14) 甲：昨天晚上跟你在一起的那个女人岁数不小了吧？
    乙：她不是什么"女人"——她是我妻子！ （沈家煊(1993)用例）

  这里甲所用的"女人"一词违反量准则得到的会话含义是"并非妻子"，规约含义是"第三者"，"这些含义使得乙无法接受甲的问法"（同上：321），"女人"这个词因为有这些含义而不适宜。但是如果昨天晚上跟甲在一起的是个男人，也就是说甲所说的"女人"与真值条件内容不符：

  (15) 甲：昨天晚上跟你在一起的那个女人岁数不小了吧？

乙：她不是什么"女人"——他是个男人！

那么这种情况下"女人"岂不是也是不适宜的，而且因为它违反了事实，比含义上的或者语音句法上的不适宜似乎更显得不适宜。因此，这种基于真值条件语义的区分显然是有问题的，这也是荷恩（Horn）的理论中存在的问题。所以笔者还是沿用"元语言否定"，这至少使我们避免陷入语义—语用界面问题这样一个漩涡中去。

这里之所以大费周章谈论"元语言否定"的名称，无非是想为"元语言否定"正名，所谓名正则言顺。在正名的同时也大致交待了本书的立场，那就是笔者不赞同荷恩（Horn）基于真值条件语义对描述性否定和元语言否定作出的区分，并且给出了本书中元语言否定研究的范围：本书的元语言否定不包括何春燕的"隐性语用否定"，而将一部分真值条件否定也包括了进来。

二　元语言否定的特征

荷恩（Horn）（1985，1989）、Burton‐Roberts（1989a、b）、卡斯顿（Carston）（1996，1998，1999）、沈家煊（1993）和徐盛桓（1994）等都曾讨论过元语言否定的特点，归纳起来有以下四点：

第一，典型的元语言否定中含有"曲解"语调拱度（contradiction intonation contour）（否定句中尾音上扬），后面接一句修正句子，对比重音落在引起争议的词项和后面对其进行修正的词项上。例如：

（16）John didn't MANAGE to solve the problem——
{ it was quite easy for him to solve.
  he was given the answer. }　　（荷恩（Horn）(1985)用例）

不同语言的重音和英语的重音会有不同的表现，比如音强、音高、时长等声学参数的表现不一致，因而声学特征的表现不一样，但是笼统地讲，其他语言中元语言否定的语音表现，都可以体现为对比重音的变化。

第二，通常元语言否定句分为两部分：前面一部分称为"本句"（否定句），是对先行的相应肯定句的反驳；后面部分为"义句"（修正句），是对受反驳部分的修正。一般来说"本句"和"义句"为平行结构，两个句子的句式结构基本相同（徐盛桓，1994：31）如下例：

(17) 傅老：哼！我说他怎么对小晴那么热乎呢，原来是别有用心。

圆圆：爷爷，我看二叔不是一般的别有用心，而是特别的别有用心……

（电视剧《我爱我家》）。

傅老的话是先行话语，圆圆前半句话为本句，后半句是进行修正的义句，两者句式相同，成平行结构。

第三，元语言否定句都是花园幽径句①（garden–path utterance），本句和义句表层语义不一致（徐盛桓，1994），或者说存在某种张力（tension）（Carston, 1996），因此需要二次加工。Horn、Burton–Roberts 等认为这是元语言否定的本质特征。

第四，否定辖域中的成分是提及（Horn, 1985）、元表征（metarepresented）（Carston, 1996; Eun–Ju Noh, 2000；冉永平，2002）、回声（echo）（carston, 1996）的或引述（沈家煊，1993），而非使用。卡斯顿（Carston）等人认为这一特征是元语言否定的本质特征，笔者赞同他的观点，将在第四、第五章有详细论述。

三 元语言否定的分类

Horn 认为元语言否定作为一种对先前已有的说法表示异议的手段，可以反对先前的言语中任何除了真值语义之外的内容。但是，正像前面提到的，元语言否定与描述性否定的区分不应该基于真值条件语义，元语言否定也可以否定真值内容，因此，笔者把此类元语言否定也归纳进来成为一个类别。根据其反对的内容，元语言否定可作如下分类。

---

① 花园幽径现象（garden path phenomena）最早见于 T. G. Bever（1970）。就是指对一个句子按一种正常的方式理解，直到读到句子后面才发现理解有误，然后回到分叉点对输入的语言重新进行处理，采用非正常的方式才能达到理解的目的。

(一) 否定预设

预设的一个重要的特征就是在一般描述性否定句中能被保留。"法国国王是秃子"这个句子，预设"法国存在着一个国王"。其否定句"法国国王不是秃子"也同样预设"法国存在着一个国王"。但是，在一定语境因素影响下，原先话语的预设也可以被取消。元语言否定就是一种可以用来取消预设的手段。看一下下面这些关于预设取消的例子：

(18) 在"哪个不属于战国七雄"的选择题里，余秋雨对"鲁国"这个答案的解释是"它太弱小"。有人马上言简意赅地提出："鲁国之所以未列为战国七雄，不是因为它弱小，而是因为它不存在了。"（http：//cblog.chinadaily.com.cn/port/suli/11161661712.shtml；错误连篇！余秋雨面对嘘声四起）

余秋雨所说的话，"鲁国不属于战国七雄，因为它太弱小"，预设存在一个鲁国，而反对者所说的，"鲁国之所以未列为战国七雄，不是因为它弱小，而是因为它不存在了"是对预设"存在一个鲁国"的否定。

(19) A：他们家的售后服务差到极点。
B：不是什么售后服务差到极点，他们根本没有售后服务，因为他不出故障啊，哈哈！（http：//home.focus.cn/msgview/652096/1759 93593.html）

(一帮人在论坛上讨伐某品牌卫浴售后服务很差，其中一人出言讽刺。）这里面其实包含着两个预设否定。首先，"售后服务差到极点"预设此品牌有售后服务，而B所说元语言否定句"他们根本没有售后服务"是对这一预设的否定，而"售后服务"又预设"产品出故障"，因此B所说后半句"因为他不出故障"又是对这一预设的否定。

(20) A：我恨不得拿一根烧红的钢钎照着600265庄家XXXXX（此处省略若干不雅字）。
B：不要骂庄，因为根本没有庄。
C：无庄股一支，垃圾。（http：//guba.eastmoney.com/

look，600265，10000301919. html）

一只股票大跌，股民纷纷骂庄家，骂庄预设存在一个庄家，而B、C的话语否定了庄家的存在，是对预设的否定。

(21) A：你后悔不后悔打你老婆。
　　　B：我根本就没打她，我后悔什么？
(22) 我没有花光你卡上的钱——你卡上原本就没钱。
(23) 但是我那时候还觉得应该相信法律，所以我把所有的证据拿去给美国的律师，我觉得只有严格的法律才能给事情一个交代，而不是想自己站出来给自己去辩护——我又不是一个罪人。（新浪对话章子怡：我觉得最难的时候过去了；
　　　http://ent.sina.com.cn/s/m/2010-06-03/02372976557.shtml）
(24) 根本不用暂停申购哦，因为根本没有人敢再买了哦！真是个环保好基金，绿油油。
　　　（http://fund4.eastmoney.com/050006，101147030，jijin.html2009-07-27 22:02:03）
(25) 一个月没有发表过文章，收到一百多个站内信息［询问我为什么离开这么长时间］……。我没有离开，因为我根本没有来过。（http://blog.tianya.cn/blogger/post_show.asp？BlogID=1798316＆PostID=16128075＆idWriter=0＆Key=0；2008-12-28）
(26) 我根本不需要想起什么，因为我从来没有忘记过。（http://w.y200816-yy.blog.163.com/blog/static/1916901220094553351111/；2009-05-05）

"后悔打老婆"预设"打过老婆"；"花光卡上的钱"预设"卡上有钱"；"辩护"预设"被认为有罪"；"暂停申购"预设"有人申购"；"离开"预设"来过"；"想起"预设"忘记了"。上述几例通过元语言否定将这些预设统统取消了。

值得注意的是，预设取消的元语言否定句中，很多含有"根本"、"原本"。这不是巧合，恰恰说明取消内容的性质跟预设有关，因为预设就是说出一句话时预先假设当然成立的命题，是所说的这句话的立足之本,取消预设的元语言否定就如同釜底抽薪一样,取消了说话的根本。一句话语的预设如果不成立的话,说这句话就不合适了。

(二) 否定规约、会话含义

元语言否定可以否定规约含义,例如:

(27) A:她是你女朋友啊?
B:别瞎说,她不是我女朋友,她是我的女性朋友。

(28) 他几乎没有星期日,只有星期七。(第三个黄金点上的困惑,《文汇月刊》1989.6.;沈家煊(1993)用例)

(27) 中"女朋友"的规约含义就是恋人。这里否定的是"女朋友"的约定俗成的含义"恋人"。这个含义的规约程度很高,已经作为一个义项列入字典(见《现代汉语词典》)。所以 B 用"女性朋友"来指称没有恋人含义的女朋友。同理,例(28)中,"星期日"有一个规约含义就是"休息日",他星期日还工作,因此元语言否定在这个例子中是否定星期日的规约含义:他没有休息日。

元语言否定中有很多否定的是级差含义(scalar implicature)。一个语言的级差(scale)由一组可以交替使用的语言成分组成,这些成分可以按照提供的信息强弱或语义力度(semantic strength)以线性顺序排列。这个等级具有按次序排列的词语集合的一般形式:$<e_1, e_2, e_3, \cdots e_n>$。如果在句子框架 A 中填入 e_1、e_2 或 e_3 等,我们就得到合乎语法的句子 A(e_1)、A(e_2)或 A(e_3)等,其中 A(e_1)蕴含 A(e_2),A(e_2)蕴含 A(e_3),依此类推,但逆向蕴涵是不成立的。例如:句子框架"张三…喝酒",填入 $<$嗜好$_1$,爱$_2$,喜欢$_3$,$\cdots e_n>$ 各项,得到:

(29) a. 张三嗜好喝酒。
b. 张三爱喝酒。
c. 张三喜欢喝酒。
……

其中 a 蕴含 b,b 蕴含 c,反之则不然。但是根据会话含义中量准则,发话者给出 b 意味着 b 是他所能提供的最强的信息,因此 b 有一个级差含义即非 a，同理 c 隐含非 b。否定 b，除了否定其真值条件语义之外，还能否定其级差含义"非 a"，后一种情况就是元语言否定。在级差 <痴迷，喜欢> 中，"喜欢"隐含着"不痴迷"。对"喜欢"的否定也可以否定其级差含义"不痴迷"。试比较 B_1 和 B_2：

(30) A：他喜欢足球。
　　　B_1：他不是喜欢足球，他喜欢篮球。（描述性否定）
　　　B_2：他不是喜欢足球，他对足球非常痴迷。（元语言否定）

根据格莱斯（Grice）的"适量准则"，"喜欢"就是发话者能提供的最大信息量，因此说出"喜欢"隐含（不是本身有）"不是痴迷"的意思。但是如果说话者故意违反量准则：明明是"痴迷"却说成"喜欢"，这显然会引起误解。这时否定可以否定"喜欢"具有级差含义"并非痴迷"。下面是这类语用否定的其他例子：

(31) 我不是中国人，我是上海人。（周立波语录：http://news.163.com/special/00014029/guodegang0409.html）。

(32) 三立兴儿童座椅不是基本达到儿童座椅安全标准，而是完全符合标准。（http://www.ntslx.com/noticedetail.aspx? 20）

(33) 依旧是那么喜欢阴天。不，不是喜欢，是爱。（http://tmsqq.blogbus.com/logs/49362091.html）

(34) 明天不是有可能下雪——明天肯定得下雪。

(35) 不是有些婆媳处不好，依我看，所有的婆媳都处不好。

(36) 我不喝牛奶，我只喝特仑苏。（牛奶广告）

(37) 启示二十三：我不是冷血动物，而是冷血投资动物。(id = http://rmb1973.blogspot.com/2005_08_11_rmb1973_archive.html title = "似火骄阳雄鹰：星期四，八月 11，2005"）

语言中充斥着这样的级差，如上面这些 <上海人，中国人>，<完全符合标准，基本达到标准>，<爱，喜欢>，<肯定，可能>，<所有，有些>，<特仑苏，牛奶>，<冷血投资动物，冷血动物> 等等。元语言否定可以否定由此产生的级差会话含义。

(三) 否定视角

有时候，在相同的语境中，某些言谈描写同一事物，其命题真值其实是同样的，但是因为描述者视角的差异（描述者所处位置、从某一特定点所能观察到的该事物的某方面和描述者观察某事物的整个参照背景等方面的差异），使得这些言谈在这一语境中，呈现出不同的言外之意。元语言否定也可以反对这种视角差异带来的隐含意义。

例如：

(38) 怀斯走到白烨身边，拍了拍他的肩膀鼓励道："我相信你。不是我们输了，只是我们没有赢。"（http://www.xiaoxiaoshuo.net/xiaoshuo/yingfeng/1914442.htm）

从真值语义来讲，输和赢是对立关系，没有赢就是输了。说话者是一位运动员，他们的球队在比赛中输了。他在鼓励队友时，说了这样的话。说"我们输了"就是认输、向对手低头了，否定这一说法就是不服输，而"没有赢"也有永不言败的意味。发话者用元语言否定句来反驳的是认输服软的说法（或想法）。

(39) 评论员：中国队没有屡战屡败——他们是屡败屡战。

"屡战屡败"隐含以失败告终，这正是（39）那位评论员要否定的意思。又如：

(40) A：你长得像巩俐
　　　B：不是我长得像巩俐，是巩俐长得像我。

不管是 B 长得像巩俐，还是巩俐长得像 B，其描述的事实是相同的，就是两者长得相像。但是前者参照点是巩俐，后者参照点是 B。兰盖克（Langacker）（1993）认为，概念者通过更为凸显的实体作为临时参照点建立与目标的心理联系。在"B 长得像巩俐"中，B 是要描述的目标，巩俐是参照点，作为参照点，"巩俐"在概念中具有更为凸显的地位；而在"巩俐长得像 B"中，更为凸显的是"B"。显然这里 B 通过元语言否定，否定以巩俐为标准的说法，来体现她的自我意识。

(41) A：观众跑了一半了。
B：不，你看，还有一半观众没离开呢。
(A、B是某电影的演员，在观看他们自己演的电影。)

尽管事实都是电影院里坐了一半的观众，A以开始时坐满观众的电影院为背景，看到的是失去的一半；B以观众都离开了的空的电影院为背景，看到的是拥有的一半。B否定的并非"观众跑了一半"这一事实，而是"观众跑了一半"这种看问题的角度，体现其乐观的态度。再如下面的例子，也同样是对视角的否定。

(42) A：我该走了，对不起，让你说了这些不愉快的话。
B：不，应该我说对不起，让你听了这些不愉快的话。（谌容《懒得离婚》；沈家煊（1993）用例）
(43) 王文成公封新建伯，戴冕服入朝，有帛蔽耳。某公戏曰："先生耳冷？"公笑曰："我不耳冷，先生眼热。"（冯梦龙《古今笑》；同上）
(44) 卢公暮年丧妻，续弦祝氏，甚少艾。然祝以非偶，每日攒眉。卢见而问曰："汝得非恨我年大耶？"曰："非也。""抑或恨我官卑耶？"曰："非也。"卢曰："然则为何？"祝曰："不恨卢郎年纪大，不恨卢郎官职卑；只恨妾身生太晚，不见卢郎年少时。"（同上）

"说"和"听"；"耳冷"和"眼热"；"卢郎年纪大"和"妾身生太晚"都是相对的视角，元语言否定可以否定不同的视角带来的言外之意。

（四）否定风格、语体色彩等

语言是一个不断变化发展的有机体，在其发展使用过程中，会因为地域差异、时代变迁、语域差别或社会阶层的不同划分等，衍生出各种各样纷繁复杂的变体，变体之间存在着各种微妙的差异，隐含着某种真值以外的附加的意义，元语言否定可以否定这种语体色彩。这种语体色彩极其微妙，就拿社会变体来说，每一个社会成员都可以按照其民族、籍贯、性别、年龄、职业、政治面貌、家庭出身、宗教信仰、文化程度等等特征，而划分成不同的社会阶层。(甘柏兹,2001)这些阶层都可能产生自己的语言特色,而这正是元语言否定要否定的对象。下面这些例子就是基于各种语体色彩的元语言否定句。

(45) A：吃根香烟吧。
B：我可不吃烟,我只抽烟。
(46) 王小猫：姥姥
外婆：不是姥姥,上海人都叫外婆。

吴越地区的人抽烟会说成吃烟,B 反对的并非抽烟这件事情本身,而是对 A 的吴地方言提出异议。求同避异或显示分歧的心理是促使说话人靠拢或偏离某种语言、方言、语体的一个重要因素。(祝畹瑾,1992：11)显然 B 通过元语言否定要显示两种方言之间的差异。人们在交往过程中,通常总希望取悦对方,这种动机会驱使说话人不断地调整自己的语体、口音、声调、讲话速度、手势、姿态等,使之与对方的特点相似,(Giles, H. and P. M. Smith, 1979)在例(46)中王小猫一家是上海"新移民",姥姥对自己和王小猫的北方口音有点自卑,希望纠正王小猫的北方口音,使自己更快地融入上海人圈子。

(47) A：罪犯为什么专扎漂亮女人的臀部？
B：[不是臀部]是屁股。
A：哦,屁股就屁股。(电影《龙年警官》)
(48) A：你这已经是第几次蹲班房了。
B：我这可不是蹲班房,我是在吃人民政府饭。(王安忆《长恨歌》)

"臀部"和"屁股"尽管真值语义相同,但风格上有雅俗之分；"蹲班房"和"吃人民政府饭"也是风格上有区别；再如：

(49) 装逼装到得意处,如果忍不住笑出声来,可不能"哈哈",要"哑哑"。你要装一只国学底子深厚的狗,那就绝对不能"汪汪",要"猇猇"。(http://blog.sina.com.cn/s/blog_482646730100029g.ht-

ml；罗永浩博客；怎样成为一个文坛装逼犯）

"哈哈"和"汪汪"是现代汉语平实的话语，而"哑哑"和"猗猗"则是对现代人来说艰涩难懂的古语。这里的元语言否定表面上否定了的前者平实的语体色彩，而提倡后者晦涩的语体色彩，其实是以反讽的口吻，抨击文坛上一些人装作国学大师，行文矫揉造作。又如：

（50）这一吵吵得店主来了，肉里另有两条蛆也闻声探头出现。……店主取出嘴里的旱烟筒，劝告道："这不是'虫'——，没有关系的，这叫'肉芽'——'肉'——'芽'。"（钱钟书《围城》）

蛆虫在南方的一些方言里面叫做"肉芽"，可以做菜吃。店主这里否定的并非"蛆虫"这一事物，而是把这一事物叫做"蛆虫"的语体，相对于方言"肉芽"来讲，"蛆虫"是不能吃的，而"肉芽"是可以吃的。

（五）否定语音、语法、形态等语言形式

作为形义结合体的语言，其不恰当除了意义上的，还有语言物质载体层面的。那就是语言形态、语音、语法上的不当。元语言否定也能针对这一类的不当之处进行否定。

（51）A：下雨了，得打把/shǎn/。
　　　B：我不打伞/shǎn/，我要打伞/sǎn/。
（52）A：哟，好久不见，心宽体胖/pàng/啊。
　　　B：我可没有心宽体胖/pàng/，我是心宽体胖/pán/。

以上元语言否定都是针对错误发音的否定，除此以外，还能针对错误语法，如：

（53）海萍：今天老外又向我发难，他说："你们中国人的语言真难学，今天我与同事要出去办事，要走时我说，等等，让我穿件外衣，再'穿'一顶帽子，同事哈哈大笑，说我汉语没有学好，并告诉我中国人不说'穿'帽子，应该说'戴'帽子。老师，这'穿'

和'戴'到底应该怎么用呢?"(电视剧《蜗居》)

马克的同事所说的话"中国人没有说'穿'帽子的,应该说'戴'帽子",其实是描述性否定。试着比较一下:

(54) 中国人不"穿"帽子,应该"戴"帽子。(元语言否定)
(55) 中国人不说"穿"帽子,应该说"戴"帽子。(描述性否定)

例(55)中的"说",使得隐性的回声成为显性的了。否定算子"不"在(55)中否定的是言语动词"说",因而是描述性内容(关于元语言否定是隐性回声性言语,笔者将在第四章详细介绍)。

(56) I didn't trap two mongeese; I trapped two mongooses. ("mongoose"的复数形式可以是"mongooses"也可以是"mongeese")(Horn(1985)用例)

汉语缺乏形态变化,否定形态的例子不好找,在英语中这种例子是很常见的。这里发话者认为"mongoose"的复数形式应该是"mongooses"而不是"mongeese"。

(六) 否定真值条件语义

Horn把真值条件语义否定排除在元语言否定之外,但是笔者认为,这并非元语言否定和描述性否定的分水岭,元语言否定也会涉及真值条件语义。像下面这些例子,笔者认为就是元语言否定,因为发话者通过这种否定,所针对的是先行话语本身,或者说是先行话语发话者的某种说法,而非先行言语所断言的某种事实。因此,从这个意义上来说,下面这些也都属于元语言否定的范畴。

(57) 这就是我国历史上轰动一时的稀世之宝——"火浣布"。其实,这并不是什么"仙衣",而是用石棉布织成的衣服。(《中国儿童百科全书》)
(58) 利用人权问题去达到强迫别国接受其意识形态的政治目

的，这已经不是什么"人权问题"，而是干涉别国内政的强权政治的表现。（李广民，欧斌《国际法》）

（59）多数台湾舆论一再指出，这些隐蔽的"台独"言行绝不是什么"小动作"，更不是所谓的"本土化"，而是处心积虑的"去中国化"。（《北京青年报》2004.1.4）

尽管这些否定都涉及了真值条件内容，但同样也是元语言否定。这是本书要讨论的重点之一，笔者将在第四章和第五章进行详细探讨。

四 元语言否定的验证方法

荷恩（Horn）提出了两个方法来验证元语言否定。

首先，元语言否定无法词缀化，例如：

(60) The king of France is {*unhappy/not happy} – there isn't any king of France.

(61) It {*is impossible/isn't possible} for you to leave now – it's necessary. （Horn (1989) 用例）

因为（60）中否定成为形容词"happy"的前缀，无法取消预设"存在一个法国国王"。同样"impossible"中的否定也不能取消"可能"所引发的级差含义。否定前缀是词语的一部分，也就是句子的一部分，而元语言否定"尽管表面上是包含在句子中，但实际上它操作的层面与句子其余部分所在的层面不同。"（Horn，1989：392），这似乎是一个词缀这样的融合性成分无法做到的。

其次，元语言否定不会触发否定极性词。我们知道一般的否定能够触发否定极性词而限制肯定极性词语。但是 Horn 认为元语言否定不在句子层面操作，在另一个层面操作，因此不能触发否定极性词，不能与否定极性词联用，例如：

(62) Chris didn't manage to solve {*ANY/SOME} of the problems – he managed to solve ALL of them.

(63) Chlamydia is not {*EVER/SOMETIMES} misdiagnosed, it

is FREQUENTLY misdiagnosed.

（64）他从来不喝酒，他喝茶。

＊他从来不喝酒，他嗜酒。

"Some"和"sometimes"一般不会出现在否定辖域中，但正如这些例子所示，如果否定是元语言用法，这些词就能够出现在否定辖域中。"Any"和"ever"这样否定极性词语通常只出现在否定环境中，但是很明显元语言否定不能产生适合这些词语的那类环境。汉语元语言否定句中的否定词同样也不能触发否定极性词"从来"。

第五节 小结

笔者在这一章对元语言否定国内、外研究从语义、语用和认知的角度做了一下梳理，提出元语言否定研究中存在的未得到妥善解决的问题，以期为后面章节的理论构建奠定基础。

此外，对于元语言否定中其他跟本研究重点密切相关的，如元语言否定名称由来、分类、特征、检验方法等，也做了梳理。

第 三 章
元语言否定算子的性质

笔者认为元语言否定同普通否定一样，都是"真值函数性质的"，否定算子不存在歧义。本研究试图从跨语言的角度来进行论证，一些语言中存在的所谓"元语言否定专门的形式标记"不过是一些普通的语用标记而已，这些标记有利于元语言否定解读，因而成为元语言否定的常用形式，但是并不代表就是元语言否定本身特有的形式标记。

第一节　否定算子性质溯源

其实在 Horn 提出元语言否定之前，对于否定算子是否有歧义一直都是纷争不断。对否定算子的性质的看法分成两大阵营：歧义论和单义论。

一　歧义论

否定歧义这段公案是由预设研究引发的。罗素（Russell）认为在否定的辖域上有歧义：一种是普通的内部否定，另一种是辖域宽大的外部否定，这种否定能将预设否定掉。例如：

(65) 当今法国国王不是秃子。
内部否定：$\exists x\ (Kx\ \&\ \forall y\ [Ky \to y=x]\ \&\ \sim Bx)$，其中否定算子加在第三个联结项上；
外部否定：$\sim \exists x\ (Kx\ \&\ \forall y\ [Ky \to y=x]\ \&\ Bx)$，其中否定算子加在整个逻辑式的外部。

罗素（Russell）是二值逻辑论者，他认为不存在法国国王时，内部否定为假，但是这时候还有第二种解读，那就是外部否定，这种解读为真（Russell，1905）。

罗素（Russell）只是认为否定辖域具有两可性，真正将否定看作存在语义歧义的是费雷格（Frege）（1892）摹状词理论中对逻辑（或语义）预设的看法。费雷格（Frege）提出了专名、摹状词的预设或指称失败的问题。他认为，要将（66）a 的预设取消掉，（66）a 的否定将不再是（66）b，而应该是（66）c。能够取消预设的外部否定的真值条件等同于（66）c。

(66) a. 开普勒死于火刑。
b. 开普勒没有死于火刑。
c. 开普勒没有死于火刑，或者开普勒这个名字没有所指。

费雷格（Frege）的理论在斯特劳森（Strawson）（1950）那里发展成一种三值逻辑，除了"真"和"假"以外，还有"既非真也非假"的第三种可能。即"真值空隙"（truth-value gap）。Strawson 认为某人如果要说（65）的话就得提及法国国王的存在，但是他并没有断言（他所说的也没有衍推）存在"有法国国王"这样一个命题。一旦这一存在命题不成立，（65）即不真也不假，无法引发真值问题。

上述否定歧义观点是建立在语义预设的基础之上的，但是随着对预设的进一步了解，人们发现预设的一些性质没法在语言内部得到解决，于是Kartunen & Peters (1979) 把预设当作非真值条件的规约含义来处理，把对规约含义的否定称作矛盾否定，并将它与外部否定算子联系起来。这些含义处于普通否定范围之外，如（67）a 所示：

(67) a. 普通否定 φ：$<\neg \varphi^e; \varphi^i>$
b. 矛盾否定 φ：$<\neg [\varphi^e \wedge \varphi^i]; [\varphi^i \vee \neg \varphi^i]>$

（φ^e 表示 φ 的真值条件意义，φ^i 表示规约含义；每个有序对的成员分别代表具体否定形式的"外延表达"和"含义表达"）（Horn, 1985: 131）

由此例（65）的普通否定可以表达为（68）a，前半句是含义而后半句是衍推；而矛盾否定是（68）b：

(68) a. 法国有国王 &¬（法国国王是秃子）

b. ¬（法国有国王 & 法国国王是秃子）

Kartunen & Peters（1979）认为普通否定针对真值语义内容，因此是规约含义的漏洞（hole）（即普通否定对非真值的规约含义不起作用），而矛盾否定是规约含义的塞子（plug）（可以否定非真值的规约含义）。这种观点与 Russell 两种否定辖域的论述遥相呼应。

二　单义论

歧义论者的一个困境是，他们很难证明保留预设的内部否定和取消预设的外部否定在语义上是不同的，因为前者单向衍推后者。拿例（65）来说，如果存在一个当今的法国国王不是秃子，当然就不会有当今法国国王是秃子这回事。歧义论者似乎也拿不出令人信服的证据证明例（65）存在着下面例（69）一样的真正的歧义：

（69）咬死猎人的狗
　　a. 动宾结构：咬死（猎人的狗）
　　b. 偏正结构：（咬死猎人）的狗

因此 Gazdar（1979）等都认为否定不存在歧义。并且，根据奥康姆原则，意义跟其他抽象实体（概念）一样，若无必要也不应增加。Russell 费尽千辛万苦在法国国王上大做文章，而单义论者试图挥动奥康姆剃刀①，一下就来个了断。对他们来说否定无论在意义上，还是在辖域上，根本就不存在也没有必要存在歧义。

单义论者还有一个撒手锏：没有哪个自然语言采用两种截然不同的否定算子来区分内部否定和外部否定（Gazdar，1979）。实际上许多自然语言中确实存在着无标记的一般性否定和有标记的否定形式，但是，尽管这种标记否定可能出现在各种各样的语境中，却唯独不会体现出内外部否定的差别。语言可能会因为句法、语义的原因，甚至毫无理由地采用形态不

---

① 奥康姆剃刀：Occam's Razor。Ockham 是 14 世纪逻辑学家、圣方济各会修士奥康姆的威廉（William of Occam）提出的原理，称为"如无必要，勿增实体"（Entities should not be multiplied unnecessarily）。

同的否定形式，但是却从来没有在形态上表现出歧义论者所期待的内外部否定的差别。

三 荷恩（Horn）的元语言否定歧义说

在对否定算子性质的梳理中，我们可以看到：一方面是经典的罗素（Russell）的歧义论到三值逻辑的修正版，再到 Kartunen & Peters 的折中立场；另一方面单义论者秉承奥康姆原则，否认任何自然语言否定的歧义，但是却无法给所有歧义论阵营的人一个交代：为什么像（65）这样的否定句，可以有两种极为不同的用法。

荷恩（Horn）认为，其实这几种观点都没有将自然语言中两种主要的否定变体的区别和联系讲清楚。荷恩（Horn）提出了他自己的观点：与单义论者相对，否定确实有歧义，但是与罗素（Russell），Kartunen & Peters 和三值论者又不同，这种歧义并非语义歧义，而是语用歧义，是一种内在的用法上的两可性。这是一种否定的特殊标记用法，无法纳入到普通的真值函数算子中去。其不同于描述性否定的地方在于元语言否定可以否认先行话语中提到的除真值条件内容之外的任何内容（真值条件内容专门归描述性否定来处理）。

可见，荷恩（Horn）的否定算子"not"说到底也是有歧义的：它可以是描述性真值函数性质的（truth-functional），由此命题 P 的否命题为非 P；也可以是非真值函数性质的元语言算子，简单表述为，"我反对你的话语 U"（U 本质上是言语而非抽象命题）（Horn, 1985），在不同于句子命题的另外一个层面操作（Horn, 1989: 392）。

四 卡斯顿（Carston）的元语言否定真值函数说

卡斯顿（Carston）认为，荷恩（Horn）所谓的"语用歧义"概念模糊，并且荷恩（Horn）自己前后矛盾：元语言否定是"基于真值函数算子的扩展了的元语言用法"（Horn, 1985: 122），"否定的这种特殊的有标记的用法，无法还原成普通真值函数性质的算子"（Horn 1985: 132）。卡斯顿（Carston）认为元语言否定句中的否定算子没有歧义，也是标准真值函数性质的，在命题层面上操作。元语言否定和描述性否定的区别不在于否定算子本身，而在于否定辖域内容的性质：描述性否定其辖域内是对世界上的事态的表征，而元语言否定辖域里面的内容则是对表征的表征,或者说是元表征成分。

第二节 跨语言论证

上述观点谁是谁非,许多学者从纯粹的理论层面你来我往地争辩(Burton - Roberts,1989a,1999;Carston,1996a,1998,1999;Van der Sandt,2003),一直也没有定论。笔者认为与其这样深陷于概念游戏中,不如从语言实际出发,进行跨语言论证。如果我们可以在某种英语之外的语言中找到至少两个不同的否定算子,一个用于描述性否定,一个用于元语言否定,并且如荷恩(Horn)所言,读作"我反对你的言语U",那么这种跨语言的语言事实就能成为荷恩(Horn)的否定歧义说的最直接有力的证据。事实上确实有不少研究者,包括荷恩(Horn,1989)自己,都宣称发现英语以外的几种语言中都存在着所谓的元语言否定特有形式(这一点和英语不同,英语中无论描述性否定还是元语言否定都用否定算子"not")。

例如汉语中,David & Eva(2000)和沈家煊(1993)认为汉语否定算子"不"类似词缀不能作元语言否定解读,除非用"不是"。

(70) *他不高兴——他欣喜若狂。
他不是高兴——他是欣喜若狂。

例(70)中的元语言否定必须要用"不是"。

汉语元语言否定似乎真的有其特有的语言形式标记——"不是","不"对应于真值函数性质的描述性否定,"不是"对应于元语言否定。这样解释看起来合情合理又干净利落。这跟荷恩(Horn)的否定歧义观点可以说不谋而合。

无独有偶,韩语、阿拉伯语、希腊语中也存在着类似的例证。

韩语有两种主要的否定形式,一种是短式否定:an (i)[①] - 动词;另一种是长式否定:动词 - ci an (i) - ha - 后缀。一些人认为短式用于描述性否定,在元语言否定中会受到限制,元语言否定必须用长式

[①] 为了统一和便于理解,我们这里直接采用了韩语的罗马字语音表记法,其他语言同。

(Horn, 1985; Kim, 1991; Yoon, 1994)。

Mustafa Mughazy (2003) 认为在埃及阿拉伯语中存在着不连续的否定算子"ma‐eʃ"和连续的否定算子"meʃ","[后者]用来表达元语言否定,而非真值函数性质的描述性否定,因为这些[否定]言语所表现出的特征与 Horn (1985, 1989) 所描述的英语中的元语言否定相似"。(Mustafa Mughazy, 2003: 1147–1148)

Giannakidou (1998) 认为希腊语中的"oxi"是元语言否定特有的语言形式。

元语言否定作为一种普遍的语言现象,出现在多种语言中,这并不是什么出人意料的事。但是,在这些不同的语言中,似乎都存在着元语言否定特有的语言形式,这一相似之处不应该是巧合,这让人不得不跟荷恩(Horn) 的歧义说联系起来。乍看起来,荷恩 (Horn) 的元语言否定歧义说得到了跨语言的验证。如果这些语言形式确实是元语言否定的专门标记,那么荷恩 (Horn) 的观点可以说是证据确凿。这一想法颇具诱惑性,但是,事实并非如此简单。如果我们对这些所谓元语言否定标记作进一步分析,弄清其真正作用,那么对元语言否定的认识也将会上升到另一个高度。

我们接下来的任务就是要弄清上述几种语言中伴随元语言否定出现的到底是不是所谓的元语言否定标记。另外一个更重要的任务是,这些语言中确实都出现了元语言否定偏好的不同于一般否定的形式,如何来解释这种元语言否定和特定语言形式共现的跨语言相似性?如果不能用荷恩 (Horn) 的歧义说来解释,那么又该如何解释呢?

笔者选取的四种语言颇具代表性,因为它们具有不同的谱系关系:汉语属汉藏语系汉语(语)族,韩语属阿尔泰语系之下的韩日—琉球语族①,阿拉伯语属于闪含语系闪语族,希腊语属印欧语系希腊语族;并且就整体而言,这些语言在地缘分布上也是较为均衡的。因此,在语言样本的选择上,笔者充分考虑到了语言取样的平衡,基本可以排除包括偶然相似、语言亲缘关系、语言接触等导致跨语言相似性的因素。这些语言样本的选择是比较客观的,因此如果在这些语言中发现的相同模式,可以用来

---

① 关于韩语的谱系问题,学界颇有争议,上述谱系划分只是其中的一种观点,但这并不影响我们将韩语作为一种语言样本时的采样平衡性。

作为推断元语言否定普遍性特征的证据。

下面来看一下这四种语言中出现的所谓元语言否定标记。

一 汉语元语言否定

如上面提到的,元语言否定的表现形式在汉语①和英语中有着非常明显的区别。再比较（71）中的英语句子和（72）中的汉语句子。

(71) a. He doesn't like her. He loves her.

It is not possible that it will rain tomorrow, it is necessary that it will rain tomorrow.

He isn't happy. He's ecstatic.

(72) a. 他不喜欢小张。他爱小张。

明天不可能下雨。明天一定下雨。

他不高兴。他欣喜若狂。

笔者发现,英语否定句能很自由地进行元语言否定的解读,不需要什么形式上的变化,而汉语则不然。（72）中各句前后部分相矛盾,只能作描述性否定解读,显然无法产生元语言否定的解读。实际上,（72）中各句,如果要作元语言否定解读,要用"不是",如（73）：

(73) a. 他不是喜欢她,他是爱她。
   b. 明天不是可能会下雨,明天是一定会下雨。
   c. 他不是高兴,他是欣喜若狂。

汉语的元语言否定"大多都用'不是'否定"（沈家煊,1993：328）。

国内尽管有不少关于元语言否定的文章,但大多数介绍国外理论,讨论元语言否定本身的问题,如元语言否定的类型、特点、机制等等,而真正结合汉语实际,讨论汉语元语言否定表达形式上的特殊性,并作出解释的却寥寥无几,只有 Wible & Chen (2000) 和沈家煊（1993）。毕永娥

---

① 汉语元语言否定可以参考赵旻燕（2007）《汉语元语否定制约》。

(Biq，1989）虽然也讨论汉语元语言否定，但她所讨论的其实是"好不"、"差一点没"中的否定载体，而并非真正的荷恩（Horn）意义上的元语言否定。

但是，笔者认为前人的研究并未解释清楚汉语元语言否定中存在的问题。笔者的任务是在以"不"为否定载体的元语言否定句中，找出真正受限的那类元语言否定句，并解释其受限原因，以此来弄清汉语中是否真的存在所谓"元语言否定形式标记"。

（一）"不"在汉语元语言否定中受制约的研究

1. M 制约规则（元语言否定制约规则）

Wible & Chen（2000）提出了一条制约元语言否定解读的普遍句法规则——M 制约规则：当否定载体与随后的中心谓词 X^0（典型情况是 V^0）形成一个紧密结合的成分时，元语言否定解读就会受到制约。不管诱发元语言否定解读的语用条件是多么理想，只要这个否定句具有了上述结构（即否定载体与主动词形成一个紧密结合的成分时），元语言否定的解读都将受到抵制。

由此，(71) 和 (72) 提出的元语言否定句在英汉两种语言中所表现出的形式上的差异，似乎可以由这两种语言的否定句结构的差异来解释。

尽管对于英语中否定载体"not"在深层结构中的位置说法不一，但关于"not"和主动词之间的基本结构关系有一点是可以确定的，即"not"在句法结构中的投射要比其后的主动词更高，无法与主动词结合形成一个成分。在句法树中表现为：

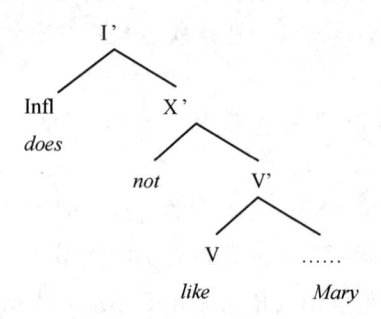

图 3-1 英语简单否定句的句法结构。（Wible & Chen（2000）用图）

即使"not"能同什么成分结合，最多也只能是它左边的助动词而不

是其右边的主动词。这可以在实际的英语否定句中得到证实,例如:

(74) He doesn't like her.

在没有其他助动词的情况下,"not"必须触发一个助动词"do",而不能单独与主动词同现,更不用提与主动词结合了,通过以下两句的对比即可知道:

(75) a. He not likes / likesn't her.
　　　b. He doesn't like her.

"not"这种依赖于助动词而相对独立于主动词的结构特点在以下省略句中也可见一斑:

(76) Mike likes her but John doesn't (like her).

以上对英语否定句结构的简单分析显示:英语中否定载体"not"确实不与主动词结合,根据 M 制约原则,英语否定句就不会抵制元语言否定的解读。这也是为什么英语中能自由地产生元语言否定解读,不必在形式上作什么变动。

与之相对的,汉语由于结构上的差异,要产生元语言否定解读,在形式上就要作出相应的变化。黄正德(1988:284)认为"不"是一个黏合类成分,他提出了 P 原则的假说:否定载体"不"会与最邻接它的 V^0 构成一个紧密结合的新成分。"不"与紧邻的动词黏合造成对事件的否定,因此在语义上不能与完成态"了"以及表示方式的修饰语连用。这一原则在实际的汉语句子中可以得到证实:

(77) *他们不跑得很快。(黄正德(1988)用例)

在这个句子中"跑"是主动词,"快"则是对主动词的补足成分。"跑"的性质是"快"。这句句子的不可接受性在于,根据 P 原则,"不"和"跑"形成一个紧密结合的成分。

(78) *他们［不跑］得很快。

由此"不跑"却具有"快"的性质,很明显是有矛盾的。
同样的例证还有:

(79) 他骗了你。
(80) *他［不骗］了你。

同样(80)句不可接受,这是因为"不骗"与后面表示整个事态的完成的"了"产生矛盾。

黄正德的 P 原则假说与 M 制约规则结合的结果就是:以"不"为否定载体的汉语否定句的一般形式不适合进行元语言否定解读。若要解除这种制约,必须要在否定载体"不"之后加上"是"以阻隔"不"与中心词的黏合。

2. 词缀说

沈家煊先生(1993)在他的《"语用否定"考察》中也提到了这一现象:

语用否定也大多用"不是"否定,用"不"直接否定动词或形容词不是没有,但是很受限制,……,有时用"不"是为了取得戏谑的效果。

对此,沈先生的解释也简洁明了:

"不"除了像英语中的"not"那样充当句子否定载体之外,还可以充当词缀,就像英语中的"dis-"、"im-"等否定词缀一样,会阻止元语言否定解读。但是,汉语中"词和词缀的界线不像英语那么明确,这大概是语用否定在'不'后要加'是'的一个原因"。

沈先生把汉语否定载体"不"与英语否定前缀相提并论,而 Horn 认为元语言否定是不能词缀化的,用"不是"可以跟作为词缀的"不"区别开来。

3. 以上两个观点存在的问题

首先,显然无论是沈先生还是 David Wible 等都把汉语否定词"不"归结为黏合类成分,相当于英语否定前缀,而荷恩(Horn)元语言否定不能词缀化的观点,为汉语元语言否定形式上的特点提供了最终的解释。

但是，根据李宝伦、潘海华（1999）"不"并非一个词缀，而是对焦点敏感的算子。理由是：

第一，与英语、法语等屈折语不同，汉语里没有很强的语言证据证明黏合现象的存在。

第二，"不"的辖域很宽，可以否定不邻接它的成分（见例（81））。

(81) 李四要是不跑得那么快就会给警察逮起来。

如果按照黄正德的黏合理论，例（81）中，"不"应该否定紧随其后的动词"跑"，那么例（81）就会不合法。但实际上此句是合法的，因为"不"否定的是修饰成分"那么"，而非紧跟其后的动词，或者说"不"否定的是动词与其他句子成分结合之后的一个成分。但是不管怎样，这都证明黄正德所说的"不"必须黏合在邻接它的词或动词上，是站不住脚的。

第三，在一定语境中，即使"不"字直接否定动词，仍然可以和表示方式的修饰语共现，产生合法句子。

(82) 他不［说］得很多，他［做］得很多。

例（82）没有像黏合理论所说的那样，否定邻接的动词后，会出现语义谬误。相反，给出的句子是合法句。

由此可见，"不"并非词缀，将汉语中元语言否定句用"不是"归结于"不"是词缀缺乏根据。

其次，两种形式的分布也并非像真正的歧义那样是互补："不是"同样为大量描述性否定采用，例如，"我不是没钱，我只是不乱花钱"等等；"不"也能用于汉语元语言否定，如：

(83) A：你好像很喜欢把琴酒和苦艾酒混起来喝。
　　　B：我不喜欢把琴酒和苦艾酒混起来喝，我喜欢喝马丁尼（马丁尼即为琴酒和苦艾酒调制的鸡尾酒）。
(84) A：廖备水，你叫这个名字是不是因为五行/hang/缺水？
　　　B：廖备水五行/hang/不缺水——他五行/xíng/缺水。

(85) A：你生意做得很好嘛。
　　　B：我不做生意，我玩生意。
(86) A：你便秘/mì/好了吗？
　　　B：我不便秘/mì/，我便秘/bì/。

上述这些例子尽管都用"不"作为否定载体，但是同样能够作元语言否定解读。

那么既然不能用词缀说来解释，对于（72）这样的句子受到限制的原因又是什么呢？词缀说似乎给出了一个简单明了的解释，实际上却把这个烫手的山芋又塞回给了荷恩（Horn）。这两种说法在本质上与荷恩（Horn）（1985，1989）所提的元语言否定无法词缀化的观点有相似之处：否定载体"不"与其他成分黏合，阻止了元语言否定解读。那么为什么"不"与其他成分黏合后会制约元语言否定呢？既然这个烫手的山芋又回到了荷恩（Horn）的手上，我们来看看荷恩（Horn）又是如何处理的。

如笔者前面提到的，荷恩（Horn）认为否定载体"not"具有语用歧义，它在不同于句子命题的另外一个层面（元语言层面）操作（Horn，1989：392）。"not"的这种语用特性或者元语言性质是否定词缀不具备的，否定词缀是描述性的，只在命题层面或者说语义层面操作。所以他认为区别元语言否定和描述性否定的方法之一就是：元语言否定载体"not"无法作为前缀与其他成分结合（Horn，1985：140）例如：

(87) a. Maggie isn't EITHER patriotic OR quixotic – she's both.
　　　b. * Maggie is neither patriotic nor quixotic – she's both.
　　　（Horn（1985）用例）

姑且不论荷恩（Horn）的语用歧义说是否合理（语用歧义存在很大争议，Burton-Roberts（1989a），卡斯顿（Carston）（1996a，1999），van der Sandt（1991）等都曾就否定载体"not"的歧义问题展开过争论，在此就不再展开了），笔者认为 Horn 的上述观点其实是一种循环论证：他认为元语言否定区别于描述性否定的特点之一是无法词缀化，而当说明元语言否定的载体"not"为何无法词缀化时，他又认为这是因为"not"是在有别于语义层面的元语言层面操作，也就是说具有元语言否定性质。所以笔者认为，在为什么"不"与其后成分黏合后会制约元语言否定这一点上，荷恩（Horn）其实和沈家煊、Wible & Chen 一样并没有作出什么实质性的解释。笔者认为元语言否定牵涉到语境效果和理解过程，用句法规则来解释往往会捉襟见肘，如果从听话人理解的角度来阐释，似乎更为合理。

（二）焦点与元语言否定解读

M 制约规则和词缀说只能针对像（72）这样的元语言否定句，而无法解释（83）—（86）这样的句子。而且，他们认为"不"与其后成分的黏合限制元语言否定解读的原因如同英语中词缀限制元语言否定解读一样。但是笔者发现即便是在英语中，元语言否定与否定词缀也并非水火不容。例如，尽管荷恩（Horn）认为像"neither…nor"这样，与其他成分融合后的否定载体无法进行元语言否定解读，但我们同样还是能找出反例：

(88) He ate neither All of the apples nor SOME of the apples. He ate MOST of them.

这样的反例还有：

(89) If he buys any sweets, he's quite unable to buy two Mars Bars——he always buys five or six. ［Kempson（1986）用例］

这个句子是个不折不扣的取消等级会话含义的元语言否定句，而否定载体又的的确确是个前缀"un-"。

可见，无论是 M 制约规则则还是词缀说非但不能解决上面给出的反例，反而暴露了荷恩（Horn）等人理论中的不足之处。那么问题出在哪里呢？

笔者认为前人研究都忽略了一个问题，那就是元语言否定中的焦点。他们只关注了焦点紧随"不"的元语言否定句，而没有发现只要焦点没有邻接否定载体，即使真如沈先生所说"不"充当词缀，与主要谓词黏合，也不会制约元语言否定解读。

1. 元语言否定中的焦点

元语言否定在引述先行话语时，是有针对性的，引述的只是焦点，而修正句在对受反驳的部分进行修正时也是有所针对的（Seizi Iwata, 1998）。试比较以下两句：

(90) A：她一天大概喝八杯水。
　　　B：她不是一天大概喝八杯水——她是确切无疑要喝八杯水。

B 引述了 A 的整句话，但是只对 *大概* 提出异议。(90) 可以表述为：

(91) 非 [< 她一天*大概*喝八杯水 >]
（方括号表示否定辖域；尖括号表示回声内容；斜体表示焦点。）

对照以下两句：

(92) A：她一天大概喝八杯水。
　　　B：她不是一天大概喝八杯水——她一天要灌八杯水。
(93) A：她一天大概喝八杯水。
　　　B：她不是一天大概喝八杯水——她喝的是 H_2O。

同 (90) 一样，B 引述了 A 的话。(92) 和 (93) 之间的差别在于回声的焦点不同。(92) 和 (93) 中的回声性话语可以表述为：

(94) a. 非 [< 她一天大概*喝*八杯水 >]
　　　b. 非 [< 她一天大概喝八杯*水* >]

回声性话语允许改写，这也是它具有焦点的佐证。

(95) A：温家宝喜欢喝茶。
　　　B_1：总理不是喜欢喝茶，他最爱喝茶。
　　　B_2：不是喜欢，是爱。

回声性话语可以被自由改写，如 B_1，而回声的焦点则不可以，甚至回声中可以只出现焦点，如 B_2。这很好理解，因为说话者引述先行话语，是为了表达他对先行话语的态度。正是引述的焦点触发了当前说话者的引述行为。如果引起说话者异议的"罪魁"在引述时作了改变，那么话语就失去了连贯性，就会"前言不搭后语"。

我们前面谈到过元语言否定具有引述性（回声性）特点。但笔者认为这还不够全面，因为无论是引述还是修正的，都是焦点。汉语元语言否定的解读，还要考虑到焦点的情况。

2. 元语言否定中焦点的分布

首先要考虑的是焦点的位置分布。焦点在元语言否定句中具有不同的分布情况，有时候它会邻接否定载体"不"。M 制约和词缀说所针对的就是这种情况，正是因为忽视了焦点问题，他们把"不"与 V^0 的黏合直接等同于"不"与焦点的黏合。从分布情况看，焦点与 V^0 固然有重合的时候，但许多情况下，像（83）、（84），焦点位置与 V^0 是不相干的，如果只针对焦点紧跟在"不"后的元语言否定句，对于（83）、（84）这样的句子自然就无能为力了。

3. 元语言否定焦点的确定

另外，通过元语言否定，发话者的意图就是要让受话者明白，某种说法不恰当，不应该这么说，而应该那么说。听话者只有明白说话者的这一意图，元语言否定的解读才算成功。由于说话者的这一意图是通过焦点的引述和针对焦点的修正来达到的，因此焦点在元语言否定中具有举足轻重的地位。元语言否定成功解读的关键还在于焦点的解读。而焦点的解读，首先是确定焦点，然后是确定到底受反驳的是焦点哪个层面上的意义，是风格、语音还是含义，等等。

汉语焦点可以通过句法、词法、语音等不同的手段来确定。归纳起来有以下四种：

第一，在口语中，语音手段是指对比重音，重音不同，焦点也就不一样。例如：

(96) a. ^老王上午借给老李一笔钱。
　　　b. 老王上午借给^老李一笔钱。
　　（^表示重音，粗体表示焦点，下同。）

a 中重音在老王，而 b 中则在老李，所以两句各自的焦点分别为"老王"和"老李"。

第二，焦点还可以通过"是"等焦点标记词来确定。例如：

(97) a. 是我明天乘火车去广州。
b. 我是明天乘火车去广州。
c. 我明天是乘火车去广州。
d. 我明天乘火车是去广州。（袁毓林（2003）用例）

焦点标记"是"将各句中的焦点都凸显出来了。

第三，平行结构也是焦点的表现手段。焦点通过平行结构之间的对比得到凸显。例如：

(98) 我花费了自己不少的眼泪和欢笑，也消耗了别人不少的眼泪和欢笑。

(98) 中前后两个分句结构相似，大部分词语也相同，在平行的两个分句中，通过"自己"和"别人"两个不同成分的相互对比形成焦点。（刘鑫民，1995：81）

第四，除了上述语言形式之外，焦点也可以在语境中确定。例如：

(99) a. 我明天乘火车去广州。（不是小王去。）
b. 我明天乘火车去广州。（今天还有事情没处理完。）
c. 我明天乘火车去广州。（我没有买到飞机票。）
d. 我明天乘火车去广州。（会议在广州召开。）

各句的焦点是在后面给出的语境中得到凸显的。

作为说话人引述和修正的目标，元语言否定句中的焦点自然也可以通过以上的手段来确定。笔者发现，在此书第一章提到的元语言否定的特征都是跟焦点有关的，这不是巧合，例如：元语言否定具有对比重音，其实就是焦点的语音标记；否定句和修正句在句式上的平行，同样也可以用来确定焦点；而义句之所以起"点睛"作用，首先是因为它为焦点的确定提供语境；汉语元语言否定多用"不是"，也是因为"是"为焦点的标记词。元语言否定的这些特点其实都为元语言否定焦点的解读提供了方便。

排除了可以通过上述方法确定焦点的句子，剩下来的就是真正无法进行元语言否定解读的句子。我们就能够针对这类句子，分析元语言否定受限的真正原因。

首先，焦点标记在确定焦点时较为直观，所需认知努力较少，其中"是"又不像重音那样局限于口语中，它迎合了元语言否定的特点，自然是元语言否定在形式上的首选。"是"的缺失，势必会对元语言否定的解读造成困难，大多数元语言否定采用"不是"也就不难理解了。其次，平行结构和义句提供的语境也能确定焦点，但是比起焦点标记，要付出额外的认知努力。但是付出更多认知努力，不等于无法取得语境效果——"是"的缺失还不足以阻止元语言否定解读，相反，还可能得到某种修辞效果。因为根据最佳关联原则，交际活动的关联性是自动得到保障的，任何直显性交际活动都意味着本活动具有最佳的关联性（Sperber & Wilson, 1986: 158），也就是说任何话语都会引起听话者的关联期待，听话者有权期待说话人说出的话语是相关的，是值得加工的。有了关联性保障，只要人们付出一定量的努力，便能得到相应的语境效果。从另一个角度来说，如果付出越多的努力，所得到的语境效果自然也就越大。正所谓额外的付出必有额外的收获，多消耗的努力，换回来"戏谑性"的效果（沈家煊，1993）。而真正无法确定的就是（72）这一类。这类句子焦点紧接否定载体"不"，汉语元语言否定受制约的句子都属于这一类。虽然都没有焦点标记"是"，但是和（85）、（86）这类句子不同的是，例（72）这类句子无法通过否定句和修正的对比，或者语境来确定焦点。也就是说某种因素抑制了对比和语境在确定焦点时的作用。如果我们能找到这种因素，那么我们就能找到限制元语言否定解读的真正原因。

（三）汉语元语言否定受制约的根本原因

笔者认为这种抑制作用是由于焦点被否定后的语义特征限制了听话者对焦点的解读而产生的。所以我们先来考察一下否定的语义特征。

1. 否定的语义特征

否定的涵义首先是述无。任何否定都要符合排中律："-X"不能既是X又不是X。因此，"-X"表示在一定论域中除X之外的任何项，否定的结果是不定的、开放的。以"喜欢"为例，"-喜欢"，首先可以是

"喜欢"所在的情感论域中除"喜欢"之外的任何项:"憎恨"、"讨厌"、"热爱"等等。在此基础之上,"-X"意义得到进一步延伸,表示指反,就像 Jespersen(1924)所说的那样,大多数语言的一般规则是,"不"表示"少于、低于"或者说"介于所修饰词和零之间"。如"不好"表示的是"差的、次的",而不包括"好极了"的意义。在这种情况下否定的结果就有了一个明确的指反意义,"-喜欢"就表示"与喜欢相对立的,没有达到喜欢的程度的那种情感"。

不过需要补充的是,叶斯珀森(Jespersen)认为的否定倾向于表示"少于、低于",这一规则运用的范围是有限的,笔者认为它只适用于具有级差意义的词,或者说它是处在一个向两极发展的连续统上的词。例如"喜欢"隐含①了一种级差意义,它可以形成一个"- ←憎恨——厌恶——喜欢——嗜好→ +"这样向两极发展的级差。在否定了"喜欢"一类词以后,可以有正负两种取向,而一般的取向如叶斯珀森(Jespersen)所说应该取"少于"义,即在负极上取,也就是笔者所说的指反义。但是像"便秘"、"喝"、"玩"、"缺"等不体现级差意义的词,被否定后,只有"述无"义,而不再有引申的"指反"义,因此也不具有任何取向问题。它们原本就不体现"高低、大小"的差别,不具有两极性,又何来被否定后是取"低于"还是取"高于"、取正向还是取负向的问题呢?

在汉语中,"喜欢"、"高兴"、"可能"这类词,如果用"不"来否定的话,其结果一般取指反意义,也就是取"少于"义。如"不喜欢"表示"没有达到喜欢的程度"、"不可能"表示"不存在那种可能性"、"不让"就是表示"禁止"。"不 X"在汉语里只取"少于"义,而不会表示"高于"义。

汉语中因为"不 X"语言的外壳相对应的是一个明确、固定的概念(指反义),所以"从意义上看,'不 X'不同于一般的偏正短语,与后者相比,它有更大的意义完整性……"(董秀芳,2003:19)。吕叔湘

---

① 所以说是隐含的,是因为这种级差意义需要一定的语境来凸显。光是一个"喜欢"本身不体现级差,只有当它同级差序列上其他的成分,如"厌恶"或者"嗜好"同现产生对比时才能体现出级差来。

(1999：226）认为：具有程度差别的 X,① 被否定以后，"不 X 在语义上构成一个整体"，也就是说"不 X"是作为一个整体概念为人们所理解的。笔者认为，汉语"不 X"意义的完整性，限制了焦点的凸显，而它的"少于"义又制约了元语言否定的二次解读，这就是元语言否定受限的真正原因。

2. "不 X"的语义完整性阻止焦点凸显

笔者前面讨论过元语言否定解读首先要确定焦点。如果焦点无法确定的话，元语言否定也会受限。焦点是说话人最想让听话人注意的部分，相对其他背景部分而言，是最为"突出"的部分。因此焦点与其背景之间应该存在着明确的界线，也就是说焦点必须具有"离散"的性质（石毓智，2005）。石毓智打了个很好的比方：舞台上成为焦点的必须是明确的个体，比如演员或一束鲜花，而连绵不断的东西，比如弥漫舞台的烟雾就不能成为焦点。无论是重音还是"是"，它们之所以能成为焦点标记，就是因为它们能够使焦点从句子的其他部分中凸显出来。平行结构和语境之所以能确定焦点，也是通过对比可以凸显焦点。但是，如果模糊了焦点与其背景的界线，使它不具有了离散性，焦点就很难凸显。例如英语中，"happy"、"either…or…"等词语与否定词缀结合成新的词语后，因为与否定词缀成为一个不可分割的整体，就不能再凸显为焦点了。

汉语虽然不像英语那样有否定词缀，否定后的词语在形式上成为一个整体，但是在语义上，如前所述，汉语的"不 X"同样具有完整性。笔者认为正是这种意义上的完整性限制了焦点的凸显，进而限制了元语言否定的解读。

3. "不 X"的指反义制约二次解读

前面提到，元语言否定的解读涉及一个二次解读的过程：首先对否定句进行语言解码，人们固有的认知倾向往往取描述性否定"不 X"的"低于"义（"高于"义以缺省方式保留下来），这与修正句产生矛盾。修正句提供的语境，促使我们必须从"高于"义来理解否定句，由此触发对否定句的二次解读，重新选取"不 X"的"高于"义。但是如果"不 X"在语义上只能作"低于"讲，可以说就切断了从"高于"那方面理解的后路，二次解读时没有办法从否定句中找到与当前语境相关联的信

---

① X 具有程度差别这一点很重要，这就相当于我们在下文将要提到的焦点的级差性。

息——"高于"义，就会导致解读失败。

但是，如前所述，并非所有"不 X"都会产生"低于"义。一些不具有级差意义的词，如"便秘"、"喝"、"玩"、"缺"等，即使紧跟在"不"的后面，也不会像"喜欢"那样，受到制约。在这种情况下，如（85）、（86）两例，通过否定句和修正句的对比，并且根据语境，可以确定其否定的焦点，解读焦点意义，元语言否定同样也不会受到制约。

（四）汉语元语言否定制约机制

通过上面的分析，笔者发现，在汉语中元语言否定受限与否，关键要看焦点的情况：焦点是否有标记、焦点是否邻接否定载体"不"以及焦点是否具有级差性，只有在所有的这些方面都受到制约，元语言否定才会受到限制。为了较为直观地展现汉语元语言否定受到制约的情况，笔者制定了一个制约机制。

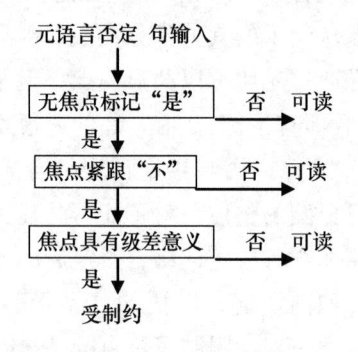

```
           元语言否定 句输入
                 ↓
         ┌─────────────┐
         │ 无焦点标记"是" │──否──→ 可读
         └─────────────┘
              │是
              ↓
         ┌─────────────┐
         │ 焦点紧跟"不"  │──否──→ 可读
         └─────────────┘
              │是
              ↓
         ┌─────────────┐
         │ 焦点具有级差意义│──否──→ 可读
         └─────────────┘
              │是
              ↓
             受制约
```

图 3-2　汉语元语言否定制约机制

从中，我们不难发现，元语言否定在汉语中受到限制的概率并不是很大，它本身并不是很容易受到限制。可见，汉语否定句的一般形式并非不适宜进行元语言否定的解读。据此，笔者得出一个汉语元语言否定句可读性强弱的排序：带焦点标记"是" > 无焦点标记，且焦点没有邻接"不" > 焦点邻接"不"但不具有级差性 > 焦点具有级差性（几乎不可读）。（">"表示可读性大于。）

元语言否定解读与焦点有关，只有当焦点没有标记标示，紧跟在否定载体"不"之后，并且体现出级差性的时候，元语言否定解读才会受到制约。其原因是焦点邻接"不"之后，在语义上具有完整性，因而焦点无法得到凸显，并且焦点被否定后的语义特征也会阻止二次解读，从而导致元语言否定解读失败。焦点对于元语言否定来说，是举足轻重的，以往的研究之所以存在问题，往往就是忽略了元语言否定中的焦点，因此要解释元语言否定受限的原因不能不考虑焦点。汉语否定的一般形式并非如我们想的那样不适合进行元语言否定的解读，关键还是看焦点情况。焦点标记、焦点位置以及焦点被否定后的语义特征共同影响元语言否定的解读。元语言否定受限的真正原因是具有级差性的焦点在邻接"不"之后，意义上具有完整性，干扰了焦点的凸显；此类焦点的否定取"少于"义，又阻止了元语言否定的二次解读。

可见汉语元语言否定根本不存在所谓形式标记，"不是"之所以为元语言否定青睐，是因为其中包含了普通的焦点标记"是"，而"是"恰恰有利于元语言否定的顺利解读。汉语中的"不是"不能用来证明 Horn 的歧义说。

二 韩语元语言否定[①]

韩语短式否定中，否定词"an"或"ani"置于动词前面，而长式中，则置于带名词化后缀"ci"的动词主干后面，再接主动词"ha"，"ha"意思是"做，处于…状态"。短式：an（i）-动词；长式：动词-ci an（i）-ha-后缀。如例（100）所示

(100) a. Minuw – nun pang – ul an chiuw – ess – ta
　　　 Minuw – TOP 房间 – ACC NEG 整理 – PST – DC
　　 b. Minuw – nun pang – ul chiuw – ci an h（a）– ess – ta
　　　 Minuw – TOP 房间 – ACC 整理 – NOM NEG 做 – PST – DC

（珉宇没有整理房间）

[NOM：名词化标记；IN：陈述语气；DC：陈述标记；NEG：否定算子；POL：敬语；PST：过去式]

（一）短式否定

首先，尽管短式偏向于描述性否定，但是短式并非不能用于元语言否

---

① 韩语长短否定的论述本书参考了 Carton & Noh（1996）、Yoon（1994）的研究成果。

定。一个有力的证据可以证明短式否定可以用于元语言否定。韩语系词"ita"，只能用短式否定，因此（b）中长式否定不合语法：

(101) a. na–nun sensayng–i an i–ta
　　　 我–TOP 老师–NM NEG 是–DC
　　　（我不是老师）
　　　[TOP：话题标记；NM：主格标记]
　　b. * na–nun sensayng–i–ci an–h–ta

但是系词所带谓语可以作回声性解读，因此，短式"an"可以做元语言否定：

(102) X：Ku salam neui sensayng i–ci?
　　　　 那个人 你的 老师 是–Q
　　　　（那个人是你老师吗？）
　　　Y：Ku salam–un naui sensayng–i an–i–ko, sensayng-nim i–ya
　　　　 NEG–是 老师（敬语形式）
（那个人不是我老师，他是我老师（敬语形式））
(Carton & Noh (1996) 用例)

这里 Y 反对 X 用"sensayng"，这是老师的非敬语形式，要用敬语形式"sensayngnim"，两者具有相同的真值语义内容。这是个标准的元语言否定句子，但却用的是短式。

其次，Yoon（1994）认为短式"an"在元语言否定解读时所受制约，是由于短式起到的句法作用就如同动词前缀，这同汉语中一些学者对"不"是个黏合类词的看法不谋而合。如果 Yoon 的说法正确的话，那么 Horn 的"元语言否定无法词缀化"同样解释了韩语短式为何专用于描述否定。但笔者认为是事实并非如此。第一，"an"实际上不是一个词缀，Yoon 忽视了一个事实，那就是"an"并非粘着词素，它是自由的，并不附着于动词。第二，我们知道词缀是无法触发否定极性词，但是"an"可以与否定极性词联用，例如下面这两例都用到了否定极性词（斜体）：

(103) a. na–nun *kyelkho* papo–ka an i–ta
我–TOP NPI　　傻瓜–NM NEG 是–DC
（我绝不是傻瓜）
[NPI：否定极性词]
b. na–nun Pwusan–ey*comchelem* an ka–n–ta
我–TOP Pwusan–to　NPI　　NEG 去–IN–DC
（我几乎不去釜山）

否定极性词"kyelkho"和"comchelem"都能够和短式否定"an"同现，笔者采访了一些母语为韩语的留学生，根据受访者的语感，(103) a 中短式"an"和否定极性词连用，可以很好地接受。至于(103) b，有些受访者确实觉得可以接受，有些吃不太准，但同时也觉得并非一定不可接受；这种把握不定的语感笔者认为是语体上的极度不恰当造成的，而不是语法错误，如果是语法错误的话，受访者就不会感觉吃不准，而是会直接否定了。第三，"an"辖域很宽，是句子否定，并非词内否定，并且它否定的对象并不一定是动词：

(104) Inho–nun suwep–ul *cacuw* an　tut–ess–ta
　　　仁浩–TOP　课–ACC　经常 NEG 参与–PST–DC
[ACC：宾格]
（仁浩没有经常上课）（Cinque (1999) 用例）

Cinque (1999) 认为"cacuw"（经常）的句法投射有两种位置，一种比否定高，另一种比否定低。因此前者"an"否定主动词；后者的"an"否定的就是副词"经常"，而非主动词"上课"。像例(104)就可以解读为非动词否定的"仁浩没有经常上课"。如果"an"是黏合成分的话，这个例子应该只有一种解读就是"仁浩经常不上课"。可见"an"具有比较宽的辖域，由此，例(104)被否定的可以是上课很频繁这样一种状态。总之，我们没有证据证明"an"具有词缀的功能，因此，与前面汉语中情况相似，"an"受到的限制不能归咎于它是一个前缀。

既然"an"受制约并非因为它是前缀,那么如何来解释"an"在元语言否定中受到的制约呢?其实这个问题完全可以从另一个角度来看待:并没有所谓"制约"需要解释,只不过元语言否定用了短式,在解读时会费一些周折:一开始元语言否定句很可能被解读为描述性否定,在和后续的修正句产生矛盾后,重新二次解读,得到元语言解读。用关联理论的话来说,用了短式需要付出更多的认知努力(Sperber & Wilson, 1986)。所谓受到"制约"其实就是在解读过程中存在的阻力比较大的情况,但我们不能把解读时受到阻力等同于不合法句子,汉语中的情况其实也是这样的。像(72)这个例子,笔者认为并非这个句子不合法,而是解读时所受阻力太大,使得一般语境下大家都放弃采用这样的否定形式。大多数短式否定会带来强烈的花园幽径效果:这是因为解读受阻所付出更多的认知努力会得到更多的语境补偿效果。因此使用短式比长式可能更具修辞效果。在特定场合很可能选用这种方式来达到这种特殊的效果。

(二)长式否定与元表征标记"–ci"

前面的论证已经证明了短式并非动词前缀,也并非只能用于描述性否定。现在我们来看看韩语否定另一个主要形式,所谓偏好元语言否定的长式。毫无疑问这种形式能够否定辖域中的回声性内容,但是,正如 Kim (1991) 所说,长式其实同样也用于描述性否定。此时,长式更能起强调作用或更正式。如:

(105) a. Mina – ka chayk – ul an – ilk – ess – ta
   Mina – NM 书 – ACC NEG – 读 – PST – DC
b. Mina – ka chayk – ul ilk – ci ani ha – ess – ta
   (米娜没有看那书。)

另外,长式形式上的独特之处恰恰为元语言否定解读提供便利。

首先,用"– ci"将内容动词名词化的这个结构,便于在其后面加焦点标记"nun",(也有说法是对比标记,但是不管是哪种都是有利于元语言否定解读的。元语言否定和对比否定句存在着千丝万缕的关联,是因为元语言否定的语境具有对比的特点,所以如果存在一个对比标记来标识这种语境,自然也是有利于元语言否定解读的)。韩语中的元语言否定句子也确实很多都用"nun"这一标记,短式则无此结构上的便利。

其次，即便没有"nun"，"–ci"这个名词化成分更值得我们去注意，因为"–ci"本身其实是个元表征标记。我们知道话语可以描述实际的事物状态或我们所想象的事物状态，也可以阐述别人的想法或我们所想象的别人的想法（Sperber & Wilson，1986），后者其实就是一种元表征话语（Carston，1996a、b），而韩语中的"–ci"就有标识元表征话语的功能。

Lee（1999）认为长式否定可以分成"–ci"之前和之后两部分，之前的内容指的是发话者相信受话者可能所怀有的想法，之后是能够对上述内容进行否定的成分，说白了就是包含了否定算子。例如：

（A 刚从韩国到美国，B 向他炫耀道奇体育场。A 很惊讶地问。）

(106) A：kuluh – ke   khu – o – yo?
       这么 – RESUL 大 – IE – POL
       （那么大吗？）

(107) B：…kuloh – ke   khu – ci – n   anh – o.
       这么 – RESUL 大 – NOM – TOP NEG：做 – IE
       （实际上没那么大。）
       wae – nya – mun han ..MAXIMUM – i o – man – o – chon myong – i – ni +kka,
       为何 – INTERR – COND 大约 最多 – NOM 5 – 万 – 5 – 千 名 – 是 – DET +INTERR
       （因为，呃，最多（容纳）大概55000人）

(108) A：…o…kuloh – ke khu – ci – n   anh – kuna.
       啊 那么 – RESUL 大 – NOM – TOP NEG：做 – UNASSIM
       （啊［明白了］不是那么大！）

(109) B：Kulohke   khu – ci – n   anh – ci.
       那么   大 – NOM – TOP NEG：做 – DC
       （没那么大［我琢磨着］）

［INTER：疑问；COND：条件；DET：限定；UNASSIM：同化；RESUL：动结式］

（Lee（1999）用例）

在（106）中 A 提出疑问道奇体育场是否有那么大。B 认为 A 持有"道奇体育馆很大"这一信念，所以在（107）中，B 对 A 的信念加以否定。"道奇体育场很大"在这一系列对话中是一个连续的话题，是一个已经存在于交际双方信念中的信息。在（108）和（109）中，对话双方接连提到了这一信息，并且对这一信息进行新的评价，否认这一信念。

可见长式中的"-ci""明确地指出发话者对于受话者信念所怀有的信念"（Lee，1999：268），用笔者的话说就是"-ci"之前的内容不是对于事态的描述，而是一种对别人想法的阐述，是元表征内容，因此"-ci"实际上是个元表征的标记。

我们知道元语言否定辖域中的内容正是元表征内容，这样韩语元语言否定青睐带有"-ci"的长式否定也就不难理解了。和汉语中的情况类似，长式否定带有元表征标记，有利于元语言否定的解读。"-ci"的元表征标记功能更加印证了卡斯顿（Carston）的元语言否定是元表征话语的说法。

无论是长式还是短式，都是既可以用于描述性否定又可以用于元语言否定，只是对语境各有偏好，这说明区分它们的不是真值条件的语义内容，而是语用因素。我们有理由相信，至少在韩语中，只有一个否定算子"an"，其辖域内容可以是描述性表征，也可以是有归属的元表征。任何情况下，都是我们所熟悉的真值逆反算子。所谓的元语言否定标记，长式否定，只不过是其中含有元表征标记而已，而这一标记有助于元语言否定解读，因而为元语言否定青睐。

三　阿拉伯语元语言否定[①]

埃及阿拉伯语中的句子否定，即否定算子辖域为整个命题的否定，其表达形式是不连续的前缀"ma-"，主动词和后缀"-eʃ"以及连续的"meʃ"。不连续否定算子用于动词谓语句，如例（110）：

(110) ana　ma–roh–t–eʃ　　　el–madrasa
　　　我 NEG–去–PAST.1S–NEG　那–学校

---

① 阿拉伯语元语言否定的论述本书参考了 Mustafa Mughazy（2003，2008）的研究成果。

（我没去学校。）

这类句子用连续否定算子"meʃ"表达会导致例（111）这样不合语法的句子。

(111) *ana meʃ roh – t   el – madrasa
我 NEG 去 – PAST.1S 那个 – 学校
（我没去那个学校。）

连续的否定形式 meʃ 用于无动词谓语句子（无动词句），如例（112），这一类句子如果用前面的不连续否定，会产生是不合法的例（113）。

(112) ana meʃ fiː el – madrasa
我 NEG 在 那 – 学校
（我不在学校。）

(113) *ana ma – fi – ː ʃ   el – madrasa
我 NEG – 在 – NEG 那 – 学校
（我不在学校。）

［（110）–（113）为 Mustafa Mughazy（2008）用例］

但是，动词否定有时也会用连续否定，这时只有作元语言否定解读才是合乎语法、可以接受的，如例（114）。这种句子中不连续否定在这些句子中表达的是元语言否定而非描述性否定，因此例（114）这样的句子是可以接受的。

(114) homma meʃ habbu baʕd w – itgawwezu – – homma ʔitgawwezu w – habbu baʕd
他们 NEG 相爱 并且 – 结婚 – – 他们 结婚 并且 – 相爱
（他们不是相爱然后结婚，他们是结婚然后相爱。）
（同上）

这是一个典型的否定有序会话含义的元语言否定句子。

如前所述阿拉伯语无动词句否定只能用连续否定，不管是描述性否定也好，元语言否定也罢，这种句子用不连续算是不合语法的。因此这样的句子就会有描述性和元语言否定两种可能的解读。(115) a 可作描述性解读，如 (115) b；也可以作元语言否定解读，如 (115) c。(115) c 中的指示性补语化成分 "da"（相当于英语中的引导补语从句的 "that"）的使用提醒人们作元语言否定解读，有时对比语调也可以起到这一作用。

(115) a. Samiːra meʃ zakejja

　　　　 SamiraNEG 聪明.

　　　　（Samira 不聪明）

　　 b. Samiːra meʃ zakejja abadan – hejja ʁabijja

　　　　 Samira NEG 聪明 NPI –　　　她笨。

　　　　（Samira 根本就不聪明 – 她很笨。）

　　 c. da　　sami:ra meʃ zakejja – di ʕabqarejja

　　　　 COMP Samira NEG 聪明 – COMP 天才

　　[COMP：补语化成分]

（Samira 不是聪明 – 她是天才。）（Mustafa Mughazy (2003) 用例）

虽然阿拉伯语中元语言否定一般采用连续否定形式，但是有时也采用不连续否定。当发话者故意想要引起二次解读以取得某种交际目的，例如，幽默、惊讶、反讽等的时候，会用不连续否定。例如 (116) 发话者 B 正在和朋友谈论一个约会的事情，不连续否定和后续修正句会产生花园幽径效果

(116) A：ʔol – li, itʔaːbelt – uː（告诉我，你们见面没有？）

　　　　 B：ihna ma – itʔaːbel – naː ʃ ... ihna itʔaːbelna w – itkallemna w – itʕaʃeːna.

我们 NEG – 见面 –1ST. PL. NEG ... 我们 – 见面 – PL. 并 – 谈话 – PL. 并 – 用餐

　　[1ST. 第一人称 PL. 复数]

（我们不是见了面 ... 我们见了面并且谈了话还用了餐。）

（同上）

这里用的是不连续否定，并且没有明显的补语化成分或对比语调来提醒受话者，使得受话者一开始作描述性否定解读，认为约会不顺利。但是，随后而来的修正句与之产生矛盾，因而重新进行元语言否定解读，并意识到约会其实很顺利。此句中，发话者在两句之间做一个停顿，以加强这种一惊一乍的效果。

综上可知，所谓阿拉伯语"元语言否定标记"——连续否定同样能用于描述性否定，如（115）b，而非连续动词也可以用于元语言否定如（116），这些有力地证明连续否定并非阿拉伯语中独立的元语言否定标记。阿拉伯语只有一个真值函数性质的否定算子。这一观点也许从历时的角度能得到更好地证明：许多学者认为阿拉伯语中的否定算子是"ma-"，而"-（e）ʃ"则来自古阿拉伯语"ʃayʔ"（相当于不定指称表达"某东西"、"某事物"），起到相当于否定极性词的作用，"-eʃ"后来失去了作为名词短语的意义和作为否定极性词的作用（Brustad, 2000）。这种历时研究证实了只存在一个否定算子即"ma"。

阿拉伯语元语言否定偏好用连续否定，原因与前面两种语言相似，也是为了解读的便利。不同的是，阿拉伯语不是用明显的语用标记词，而采用句法错位的方式来提醒人们注意。另外，还可以通过补语化成分"da"和对比语调来加强这种提醒作用。这样，受话者不用经过一个二次解读的过程，不用先将这句话解读成为逻辑矛盾句子，再重新解读为元语言否定句，而是直接能明白发话者的意图，但这样一来也就无法达到花园幽径效果了。

四 希腊语元语言否定[①]

虽然 Giannakidou 认为"oxi"是元语言否定特有标记，但是同前面所有的所谓元语言否定标记一样，"oxi"即不是专用于描述性否定也不是专用于元语言否定；Giannakidou（1998：50）指出"oxi"是成分否定的元语言用法，它的作用是指出作为否定对象的成分。成分否定在英语中通常会在受到否定的成分上加重音或用分裂结构使之焦点化；而希腊语中则词汇化为"oxi"：它的作用是将某一特定成分焦点化，因为它能够指明回声表征中的哪一部分是否定所针对的，这对元语言否定来讲是个很有用的特

[①] 希腊语元语言否定的论述本书参考了 Giannakidou（1998）的研究成果。

点。但能够将某一成分焦点化,使之能够进行对比并不能成为这一词汇是元语言否定词的理由。其实 Giannakidou 所认为的元语言否定标记不过就是类似前面韩语汉语中的对比标记,实际上他的解释以及他所举的例子,也只能证明"oxi"能起到对比标记的作用。

(117) Ine oxi eksipnos ala ergatikos.
他　不　聪明　　而是　勤奋。
(118) Sinithos taksidevi oxi me aeroplano ala me treno.
通常　旅游　　不　在　飞机　而是 在　火车.
(他旅游通常不坐飞机而是坐火车。)　(Giannakidou (1998) 用例)

很明显他所举的例子并非元语言否定句,不过是 McCawley (1991) 所说的与元语言否定具有相同结构形式(不是 X 是 Y)的一般描述性对比否定句(contrastive negation),因为它否定的是真值条件内容。Giannakidou 还指出当用到"oxi"时,必须要求出现对比的第二部分,因为对比手段一般都会期待后半部分的出现,否则就是不合格句子如例(119):

(119) # Ine oxi eksipnos.
他　不　聪明　　　　　　(Giannakidou (1998) 用例)

他将"oxi"对后续句子的期待也作为证明"oxi"是元语言否定标记的一个证据,显然这样的论证是很有问题的,因为这同样也只能证明"oxi"是对比标记而非元语言否定标记。对下半句的期待是一切对比句的特征,而非元语言否定的特征。大多数元语言否定句固然都是否定句和后续修正句形成对比,对比确实是元语言否定的一个较为重要的特征,但并非本质特征,因为如果有充足的语境信息,后续修正句可以不出现(我们会在第六章详细解释),自然谈不上对比。并且,对比否定和元语言否定是有着根本性差别的,对比语境中出现的常常不是元语言否定。

所以,我们最多只能证明"oxi"是个对比标记或者焦点标记而无法证明它是个元语言否定标记。就连 Giannakidou 所举的例子都只是对比句而非元语言否定句，在我们看来 Giannakidou 似乎将对比句和元语言否定等同起来了。尽管有些人认为元语言否定句的本质特征就是对比，即使这是真的，我们也不能得出结论，元语言否定句等于对比句，更何况元语言否定的本质特征并非对比。

元语言否定在希腊语中之所以青睐"oxi"，同前面出现的情况一样，不过是"oxi"对比特征有利于元语言否定的解读罢了，正如麦考利（McCawley）（1991：189）所说的那样"元语言否定和对比否定句存在着的关联仅仅是因为对比否定适合于用作元语言否定"，言下之意，元语言否定与对比否定不是一回事。

五 跨语言共性的关联理论解释

如果我们能发现一种语言，这种语言有两种语言形式表达句子否定，一种专用于描述性否定，因而是真值函数性质的，另一种专用于元语言否定，字面上可以读作："基于……立场，我反对你的言语"，那么我们可以说否定确实是有歧义的。但是目前为止并没有哪种语言有如上面所说的表现。之所以有些人认为在某些语言中存在非真值函数性质的否定形式，其实是被假象误导了。实际上，当一种语言确实有两种否定的表达方式，这两种表达方式并非如真正的歧义那样，出现的语境是互补的，而情况往往是这样的：一种形式是描述性否定较为常用，但也能出现于元语言否定；另一种则是元语言否定常用的，但也能出现于描述性否定，当这两种形式出现在不常出现的语境中时，往往会产生某种额外的语用效果。

这用关联理论可以得到很好的解释。关联理论认为，如果有两个语义等值的语言形式，一个需要受话者付出更多的认知努力，那么发话者选用这一形式，是想获得额外的或至少是不同于另一种形式所产生的语境效果。在语言使用中，语言标记往往和语用因素相关联，就像我们上面所说的各种语言中，之所以某一种语言形式偏好元语言否定的语境，是因为这种形式往往包含了焦点标记、对比标记或者回声标记等，这些标记往往有利于元语言否定的顺利解读，进而成为元语言否定首选形式，但并不能因此就把这些语言形式等同于元语言否定标记；而相对的常用于描述性否定的另一种形式，因为缺乏这类标记而较少用于元语言否定，这符合人们的认知倾向和经济原则：花费最少的认知努力，获得最大的认知效果。如果说想要取得的认知效果就是元语言否定的顺利解读，那么对于这一目标，当然是有标记的形式让人花费的认知努力少。标记的作用就是在解读过程中提醒人们：喂，注意了，这是焦点，这是回声性内容，这里有对比……元语言否定偏好带标记形式也就不难理解了。而另外没有标记的形式则需要人们花费更多认知努力，往往会取得额外的语境效果，在元语言否定中，就会产生花园幽径效果。由此可见不存在什么元语言否定专门标记，元语言否定之所以偏好使用这些否定形式，不过是出于经济原则，为了在解读过程中少花费一些认知努力而已。

通过前面的考察，笔者发现这些不同语言中存在着的这种相似模式，非但不能成为荷恩（Horn）的否定歧义说的证据，没法用来证明元语言否定是不同于真值函数否定的另外一种否定，相反倒是印证了我们元语言否定非歧义观点，因为到目前为止，我们还没找到哪种语言具有特殊的非真值函数性质的否定形式。

第三节　小结

荷恩（Horn）认为否定算子是有歧义的：一种是描述性否定，是真值函数性质的，另外一种是元语言否定，在不同于句子命题层面操作，不具真值函数性质。但是笔者认为元语言否定的否定算子并非如 Horn 所标榜的那样，"在不同于句子命题的层面操作"，其性质还是真值函数的，元语言否定与描述性否定的区别不在于否定算子的性质，而在于否定算子辖域内容的性质——描述性否定辖域中的内容是对世界事态的表征，元语言否定辖域内容是对表征的表征（元表征）。有人提出在非英语的语言中存在专用于元语言否定的否定标记，这似乎印证了荷恩（Horn）的否定歧义说。这些所谓的跨语言的证据是否能经得住考验，从而成为确凿的论据呢？笔者对四种所谓存在元语言否定标记的语言——汉语、韩语、阿拉伯语、希腊语——进行考察，发现跨语言的共同模式：这些所谓的元语言否定标记，不过是带上了某些常见的语用功能标记，如焦点标记、对比标记、元表征标记而已。这些语用标记并非元语言否定独有，但是有助于元语言否定的解读，因而成为元语言否定所青睐的形式，但并不能因此就将这些语言形式等同于元语言否定本身的标记。由此可见，所谓的元语言否定标记非但无法证明荷恩（Horn）的观点反而支持了本研究的看法：元语言否定的否定算子在性质上和描述性否定没什么两样，是真值函数性质的。

第四章
元语言否定辖域内容的性质

元语言否定和描述性否定的区别体现在否定辖域内容的性质上面而不是否定算子的性质上面。元语言否定的本质特征是其辖域内容的隐性回声性，而花园幽径、语义矛盾以及二次解读等并非元语言否定的必要条件和本质特征。

第一节 元语言否定隐性回声性特征

荷恩（Horn）（1985，1989）、Burton Roberts（1989a、b）等人认为花园幽径效果和语义矛盾是元语言否定的本质特征。但是事实是否如此呢？我们举一个荷恩（Horn）自己的例子。

(120)（第一行是生日卡封面页，接下来两行是卡片里面）：
这张卡片不是来自你的一个崇拜者。

它来自于你的两个崇拜者。
我们两个祝你生日快乐。[Horn（1992）用例；转引自 Carston，1996a：312]

这里，送卡片的人是故意要误导收到卡片的人。收卡人第一眼看到卡片时，会对看到的内容作描述性解读，打开卡片才发现刚才的解读不正确，重新进行元语言否定解读。虽然此处体现的确实是花园幽径或者说二次解读特征，并且如关联理论（Sperber & Wilson，1986）认为的所需额外的解读努力带来了额外的些许幽默效果。但是，这里的花园幽径效果，并非来自于元语言否定本身，而是来自于送卡人玩的把戏。正如 Chapman（1993）指出的那样，元语言否定解读的线索被故意抑制了，为的就是要确保花园幽径和二次解读。可见花园幽径效果并非元语言否定的固有本质特征，而是因为抑制了元语言否定解读线索导致的。

另外，也没有明显证据可以显示这是对先前言语的反驳。Horn 所谓的元语言否定用法的解释："我反对言语'这张生日卡来自于你的一个仰慕者'"在这里明显是不妥的。实际上，修正句的故意延后和先行话语的缺失，在故意要绕弯子的元语言否定句中是很典型的，因为如果给受话者一定的线索，会削弱这种把戏的效果。

荷恩（Horn）和 Burton-Roberts 似乎将花园幽径和二次解读看作元语言否定的本质特征，我们有理由怀疑其必然性。例（121）中，仅仅是将否定句和所谓修正句倒了一个个，受话者最先接触和处理的句子就变了：

（121）a. 这里是实打实的热，不是暖和。
　　　　b. 这里不是暖和，是实打实的热。

修正句现在成了解读否定句的（部分）认知语境。这不会对元语言性质有任何影响；说（121）a 的人和用相反语序（121）b 的人同样都是在反对某人所说"这里很暖和"所提供的话语信息强度不足。但是，毫无疑问（121）a 并没有什么二次解读；有了前面半句的铺垫，"暖和"的元表征性质立马就能被辨识出来了，并未经过什么描述性用法解读的步骤。前面的句子为听话人的正确理解做好铺垫，听话人明白说者并未针对真值条件内容，因为他已经作出更强的能够衍推这个命题的断言。因此，否定句在最初就能作出元语言否定解读。

元语言否定易于辨认出来的另一种情况是有明显引用标记标出，如书面形式中的引号，如（122）：

（122）a. 孙志浩先生并未要索回什么"结婚时之赠与物品"，结婚时根本就没有赠与过物品。(http://ent.163.com/10/0602/23/6877HNGK00031H2L.html)
　　　　b. 不是什么"又"来了，上这里来，还是新媳妇上轿——头一遭。(http://gb.cri.cn/1321/2008/12/19/1766s2366091.htm)

无疑，出现这样的形式，引号中的内容一般不会作描述性/真值条件解读，并且也不存在什么遇到矛盾而引起二次解读的情况。另外口语当中，我们也常常会碰到边说边临空作出引号手势的，特别是在说英语的人当中。还有其他一些不是非常明确的指示方法，例如矛盾曲调、焦点重音，这些手段都会将受话者直接导向元语言否定解读。当发话者故意要跟受话者绕弯子时，他们往往会抑制这些线索。例如故意停顿、故意不加重音或者像例（120）那样玩花样。

如果言语具有高度语境敏感性，那么还存在第三种不需要二次解读的情况，即某一特定的语境使得元语言否定成为最为可取的解读方式。在这种情况下不需要后续的修正句：

（123）（语境：下雨了，妻子没有带伞，回家被雨淋了。妻子看到丈夫早上出门前留下的一张纸条：可能会下雨，出门记得带伞。）
妻子：不是可能下雨。

在这里的语境中，受话者很可能直接就辨识出这句话语的非描述性本质，及其隐含的修正句"一定会下雨"，因为当时的事实就是已经下雨了。

可见，花园幽径和二次解读并非必然，只不过在一定的语境中某些语言手段往往会导致这种倾向。元语言用法不必像前面的例子那样必须用什么伪装或者误导受话人的手段。这样，其所需认知努力及达到的效果会不同于那些"二次解读"元语言现象。如果（121）中相反语序的句子就能够不需二次解读，直接解读为元语言否定，因为它们比起 Horn 给出的标准元语言否定所需的认知努力要少，那么根据关联理论，因此产生的效果也会相应弱一些或者产生不同的语境效果，至少从我们的直觉上讲确实是这样的。

再来看看元语言现象是否普遍都存在语义矛盾。Burton – Roberts（1989a、b），认为否定句和修正句之间存在着的矛盾是一切元语言否定的统一特征，正是因为这个，元语言否定才不可避免的需要二次解读。

但是从例（124）来看，有些句子显然作描述性解读时前后一致，并未有什么矛盾，但是，另一方面这些例子又符合元语言否定的特征，因为它们确实也是对先行言语中语言形式的反驳，因此是元语言性质的。

(124) a. He doesn't need FOUR MATS; he needs MORE FATS.
b. X: You seem amused by my problem.
Y: I'm not Amused by it; I'm BEmused by it.
I didn't put him up; I put up with him. (Carston (1996a) 用例)

所有这三个例子否定的都是语言形式上的内容，虽然碰巧也影响到了真值条件内容。这些是（至少是潜在的）元语言用法（Kempson，1986：84；Foolen，1991：222），Horn（1989：403；1990：498）自己也提供了相似的无矛盾的元语言否定句。

如果进一步考虑一下 Horn，Burton Roberts 及其他人列举的标准元语言否定例子：

(125) a. 他们并非恋爱结婚；他们结婚恋爱。
b. 语义结果：非 [P 并且 Q]；Q 并且 P
c. 在线处理：非 [P 并且然后 Q]；Q 并且 然后 P
d. 他没有吃三块蛋糕；他吃了四块。

(125) a 的语义分析是（125）b，从语义结果来看它们确实有语义矛盾。但是它们的在线处理是否也存在矛盾似乎不一定。根据广义语义学的语义不确定论（underdetermined semantics），语义是不确定的，必须通过语用介入和语用因素的确定才能使语义具有完整性。语用因素包括语境信息和语用原则，其中也包括说话者的意图。语用因素对语言表达式进行扩充和加强，使其语义完整（Carston，1998）。这样的话，这些例子都涉及在言语所表达的命题层面（真值条件内容）进行语用充实。正如（125）c 所显示：在处理（125）a 时，到前半句话结束的时候受话者会通过语用充实，将连接关系扩充为包括了时间顺序，因此在接下来处理后面的句子时不会导致矛盾。

同理，尽管"三"的真值条件语义是"至少是三"，但是在（125）d 从左往右的在线处理过程中，"三"通过语用充实，扩充为"确切的三"，这确保了第一遍的描述性解读前后一致，不会产生矛盾，但这并不意味着这些不是元语言用法。元语言解读，不是因为描述性解读存在矛盾结果而造成的，因此把矛盾当作元语言否定的本质特征显然不合适（Carston，1998）。

从上面的分析看来荷恩（Horn）、Burton – Roberts 等人所谓的本质特征其实并非必然，笔者比较赞同 Carston 的看法。笔者认为，只有回声性特征才是元语言否定固有的本质特征。其他特征不过是否定辖域内容回声性所带来的，这些特征虽然常见，但并非元语言否定所固有。

元语言否定的本质是其否定算子辖域内容，或者至少是一部分内容是回声性用法（Sperber & Wilson，1986；Wilson & Sperber，1988，1992）。Sperber & Wilson（1995）区分了语言的阐释性用法和描述性用法，并且提出了他们的回声理论。在他们看来言语和思想都是表征，都可以用来表达一个命题。任何命题形式的表征，尤其是言语，都有两种方式。一种是因其命题形式符合某事态而用来表征此事态，这是对认为真实的世界状态的描述，是表征的描述性用法。此外，言语也能够用于表征与其内容相似的任何表征（表征的表征，元表征），可以表征公共表征（诸如另一句言语），也可以表征心理表征（如想法）。这种类型的表征——以相似性为特点的表征，被称为阐释性表征。命题形式的本质特征是它们具有逻辑属性。两个命题形式可能有一些共同的逻辑属性。那些命题形式具有共同逻辑属性的心理表征，并因此而彼此相似。这种命题形式的相似被称为阐释性相似，而回声性言语是一个有归属的思想或言语的阐释性表征，元语言否定是回声性阐释的一种。相似总的来说，涉及一些共有的属性：共有属性越多越相似。阐释性相似或命题内容相似具有相同的逻辑属性和语境隐含：共有隐含越多，越具有阐释相似性。

也就是说，当某一话语表征别人所说或所想并且对此表达某种态度时，它就是回声性用法。再来看一下回声性用法，例如：

(126) a. 那个金鱼眼的女人是我老婆。
b. 今天真是个好天气。

(126) a 的发话者使用限定摹状词"那个金鱼眼的女人"可能是描述性的，但是这一摹状词更可能来自别人嘴里，是对别人所说的引用，发话者对此表达一种态度，可能是赞同的态度，更可能是反对的态度。后者其实包含了反讽言语的重要因素：将某一观点（隐性地）归属于某人，并且（隐性地）表达对此观点的反对态度（Sperber & Wilson, 1995）。同理，(126) b 可能是对世界上某一事态的描述，但是在一定的语境中，可能是回声性用法，用来唤起先前的言语或将某一想法或观点归属于某人，并表达某种态度。言语除了语义或概念内容之外还有一系列的属性可能成为回声的目标：如语音、语法或词汇特征这样的语言因素，还有方言成分、语域或风格，甚至还有超语言特征，如语调、音调等。回声性用法所共有的一个特点是它不是用来表征一个对象或世界上某一事态，而是用来表征某个表征，这种特点也出现在提及、引用、自由非直接引语等里面。这种情况下，表征与被表征之间的关系不是我们熟知的真值基础上的描述关系而是前面提到的阐释性相似关系（Sperber & Wilson, 1986, 1995: 226 - 237; Wilson & Sperber, 1988: 136 - 140）。

　　回声性话语在日常话语交际中是常见的，例如：

　　　　(127) A: 杭州真是个安静的城市。
　　　　（话音刚落，一辆救护车、一辆警车和一辆消防车呼啸而过）
　　　　B: 杭州真是个安静的城市。

　　B 带着一种不赞成的态度回复了 A 的言语。这是典型的言语反讽（Wilson & Sperber, 1992），再来看看带着赞成的态度对其他表征的阐释。

　　　　(128) A: 杭州太喧嚣了。
　　　　（话音刚落，一辆救护车、一辆警车和一辆消防车呼啸而过）
　　　　B: 杭州真的太喧嚣了。

　　(128) 中 B 赞同 A 的言语并重复了 A 的话。这也是回声性用法的一种。

　　这种"重复"不一定非得是逐字逐句的重复。它们可以是相似的表征（representation by resemblance）。(Wilson & Sperber, 1992)。例如，B 能够这样回复 A 的言语："杭州多么吵呀"，或者"杭州吵死人"。

回声也不一定就是内容上的相似，来看一下（129）a，这里的回声是语言形式的某个方面，即"/jing/"并非用于指称世界上特定实体集合而是表征与之非常相似的某一特定发音，b中的"吃香烟"不是用来表征抽烟这样一种行为而是表征其相似的特定方言：

（129）a. 鱼缸里养的不是金/jīng/鱼，是金/jīn/鱼。
b. 咱东北人不吃香烟的，咱只抽烟。

这些回声用法表达的态度是反对。

回声性用法的归属作用可以是显性的（有明显的语言编码，如言说动词"说"、引号等）也可以是隐性的（无明显的标记，需要推断出来）；同样，态度的表达也可以是显明的或隐性的。例如（129）中的态度是明显的否定，（127）中表达的态度是隐性否定的。（129）当然是标准元语言否定句。（127）、（128）和（129）中表征的回声性质都是隐性的。归属的显性和隐性以及否定态度的显性隐性，组合排列，造成了多种回声性用法，下面的例子都涉及了回声性用法：

（130）a. 好雨知时节，他说。
b. 好雨知时节，非也。
c. 真是好雨知时节。
d. 好/hào/雨知时节。
e. 不是好/hào/雨知时节，是好/hǎo/雨知时节。

（130）a中，回声言语的归属本质是显而易见的，发话者可能只是在转述其他人的话，也可能发话者在重复"好雨知时节"这一命题来（间接）表达他对此的态度（可能是赞成也可能是反对）。（130）b直接表达了不赞成的态度。（130）c无论是命题内容的归属，还是对此的态度都是隐性的；如果是否定态度，那么这句话就是反讽（Wilson & Sperber, 1992）。最后两例，言语的形式——语音形式，都可以是有归属的。（130）d的归属和发话者态度都是隐性的；（130）e是一个标准的元语言否定例子，归属不明，但是因为用了否定，不赞成的态度很明显。卡斯顿（Carston）认为"否定算子辖域中的表征（或部分表征）是隐性回声"

是元语言否定的唯一本质特征。

(131) 回声都是显性的表征：

(131) 你不应该说"好/hùo/雨知时节"；你应该说"好/hǎo/雨知时节"。

言语动词"说"和引号都可以将回声凸显出来。

(132) 不是好/hùo/雨知时节，是好/hǎo/雨知时节。
a. 今天这场雨称得上是好/hùo/雨知时节吗？
b. 正确发音是好/hùo/雨知时节还是好/hǎo/雨知时节？

如果 (132) 是对 (b) 作出的回答，那么 (132) 是显性回声性的。如果是对 (a) 作答，(132) 很可能是隐性回声，这是典型的元语言否定句。

再来看下面这个例子：

(133) 海萍：今天老外又向我发难，他说：'你们中国人的语言真难学，今天我与同事要出去办事，要走时我说，等等，让我穿件外衣，再"穿"一顶帽子，同事哈哈大笑，说我汉语没有学好，并告诉我中国人不说穿帽子，应该说"戴"帽子。老师，这"穿"和"戴"到底应该怎么用呢？'（电视剧《蜗居》）

(134) 中国人不"穿"帽子，中国人"戴"帽子。

同理，(133) 中，老外马克的同事所说的话"中国人没有说'穿'帽子的，应该说'戴'帽子"，是显性的回声，因为"说"将其回声性质凸显出来。而 (134) 句中省略了"说"，使得显性的回声成为隐性的了。

前面荷恩 (Horn) 等人认为元语言否定的本质特征是花园幽径或二次解读，其实花园幽径效果是由于回声的隐性而造成的。Sperber & Wilson (1986) 在谈反讽时曾指出"无疑正是回声的隐性本质成就了花园幽径的可能性"。他们的例子很有意思：

(135) a. When all was over and the rival kings were celebrating

their victory with Te Deums in the respective camps ... (Voltaire: *Candide*)

(Sperber & Wilson (1986) 用例)

实际上 (135) a 和许多反讽一样是一个花园幽径句，很可能导致读者暂时的解读困难，最后会得到某种语境效果来作为报偿。最初会被读作普通的断言，这导致了荒谬的结论：交战双方都赢了，这个时候才会重新作回声性解读，将此话语理解为反讽。回声如果是显性内容，能使读者直接就能明白如 (135) b，而隐性回声则有着完全不同的解读方式。

(135) b. When the battle was over and the rival kings were doing what they described as celebrating their victory with Te Deums in their respective camps ... (Sperber & Wilson (1986) 用例)

正是因为回声性用法是隐性的而非凸显的，受话者才会一开始作普通描述性解读，而当发现描述性解读不符合语境时，再回过来做回声性解读，形成二次解读，产生花园幽径效果。这很好地解释了为什么元语言否定很容易产生花园幽径效果，尽管花园幽径既非反讽也非元语言否定的必然特征。

荷恩（Horn）(1985, 1989) 提到的两个元语言否定的检验方法，即元语言否定辖域中可以出现肯定极性词以及否定词缀无法实现元语言功能，这也跟元语言否定的回声性用法有关：

(136) a. 张三有时会喝酒。
b. 张三任何时候都不喝酒。
c. 张三不是有时会喝酒，他经常会喝酒。

(136) a "有时"是个肯定极性词，如果 a 变为描述性否定句，则否定载体会触发否定极性词"任何时候都"，但是如果是元语言否定，并且"有时"是回声焦点，就可以保留肯定极性词"有时"，这是因为肯定极性词是包含在回声来源中的。

(137) a. She's not happy; she's ecstatic.
　　　 b. * She's unhappy; she's ecstatic.

荷恩（Horn）（1989：392）讨论了元语言否定无法词缀化的现象。尽管他很少论及元语言否定引语本质，他还是认为否定算子作用于"不同于句子其他部分的层面"，更确切地说，回声内容"She's happy"在引号中，与引语（回声）外的否定隔开了。虽然 Horn 的说法比较含糊，但实际上已经包含了回声的观点。

第二节　再论元语言否定歧义说

其实，荷恩（Horn）之所以会得出否定算子具有歧义的结论，也是因为他认为真值函数性质的否定算子是无法将非命题形式的表征，特别是像例（138）这样的语音、语形等语言形式纳入其辖域中的。

(138) a. 爸爸（东北人）：这衣服颜色新鲜，宝宝肯定喜欢。
　　　 妈妈：这颜色不是新鲜，是鲜艳。
　　　 b. A：We saw two mongeese at the zoo.
　　　　　B：Now, come on, you didn't see two monGEESE. You saw two monGOOSES.

正是基于这样的考虑，他才将否定算子区分出了两种用法：描述性否定处理真值条件内容，其他内容归元语言否定处理。

问题是它们之间的区别是语用的区别还是语义上的区别呢？荷恩（Horn）在如何定义两种否定上苦苦挣扎；他坚持认为这并非语义歧义，即并非在语言系统自身内的歧义，他把这称为语用歧义，一种"内在的两用法"（built-in duality of use），他认为这并非否定算子独有，其他语言算子，例如"if"、"or"、"and"等也有这种情况（Horn，1989：379-82）。但是，"语用歧义"的概念其实非常模糊，荷恩（Horn）并没有进一步对此作出详细说明，也没有具体的例证。如果从语义不确定论的观点来看的话，几乎所有语言表达都是有语用歧义的。"交际中语言表达的概念可能会大大超出它按照字面编码所能够表达的意义，有可能缩小了或者

放宽了字面意义"(Sperber & Wilson, 2001: 24),例如:

(139) 鸟在波涛上方盘旋,搜寻猎食的目标。
(140) 这个湖是圆的。

例(139)中的"鸟"要理解为表达一种较为具体的意义,比如"海鸥",这是对字面意义的收窄;例(140)中"圆"字面原意是很规则的几何图形,因此严格来讲,不适合用来修饰湖的形状,因此要放宽其字面义。当字面编码意义不能满足受话者的关联期待时,他就有理由放宽或收窄这个意义,直到满足关联期待为止。"在理解话语时,无论收窄还是放宽字面意义都是自发的、自动的过程。"(Sperber & Wilson, 2001)

对字面意义的放宽或收窄都有语用因素的介入,都要通过语用推理、语用充实,因此从这个意义上讲,岂非所有的语言表达都有Horn所谓的"语用歧义"。实际上,对这个"语用歧义",很多学者都感觉莫名其妙,无法达成共识(Burton-Roberts, 1989b; Foolen, 1991; Van der Sandt, 1991; Carston, 1996a)。

其实Horn自己对此也前后不一致,他一会儿说元语言否定是"基于真值函数算子的扩展了的元语言用法"(Horn, 1985: 122),但是接下来又说"否定的这种特殊的有标记的用法,无法还原成内部的普通真值函数性质的算子";他并没有介绍"not"的元语言解读如何从逻辑否定演绎而来。尽管Horn一再否认,但实际上他是站在语义歧义论阵营里的(Carston, 1996a; Van Der Sandt, 1991, 2003)。

引语、回声及其他表征尽管不同于指称和世界情境的描述,但其实是言语交际中非常普遍的现象。正如(132)所示,这种表征的非描述性使用可以是直接显示的,也可以是隐性的。如笔者在前一小节所述,通过诸如"说"这样的言语动词或者引号等形式可以直接显示,这时候完全可以成为真值命题落入真值函数算子辖域中:

(141) a. 北方人说"包子"并且南方人说"馒头"。
　　　　b. 军队屠杀了村子里每一个人,或者,据他们的说法,对村子施行"种族清理"。
　　　　c. 如果你说"吃香烟",你一定是南方人。

d. 伞的发音不是/shǎn/而是/sǎn/。

这些例子中都包含了真值函数算子：一个合取，一个析取，一个条件，一个否定；而这里每个真值函数算子辖域内的表征总有某方面不是描述性的。但是，这并不意味着这些算子也必须具有非标准真值函数的意义。每个句子的真值条件其实都很清楚明了，例如，(141) a 为真当且仅当北方人称那种面点为"包子"，南方人称之为"馒头"。

在下面这些例子中，算子与上面的例子完全一样，唯一不同的地方是没有明确的语言编码（言语动词"说"、引号等）来指出这些例子中包含了非描述性的或回声性用法的成分，这就需要语用推理：

(142) a. 北方人吃包子并且南方人吃馒头。
　　　b. 军队对村民施行大屠杀或者是种族清理。
　　　c. 如果你吃香烟，那你肯定是南方人。
　　　d. 这不是伞/shǎn/，而是伞/sǎn/。

仅仅因为没有明确的语言符号（如去掉引号，不用明确的"说"、"描述"等词语）来指明这些算子的辖域内容是回声性的，就意味着这些真值函数性质的算子失去了其真值函数性质了吗？非也。回声性用法从显性到隐性的变化似乎不太可能导致逻辑算子意义发生根本的改变。(141) 和 (142) 的算子作同样的解读：他们都是普通的真值函数算子。

其次，荷恩（Horn）对元语言否定的"我反对你的话语 U"的解读是站不住脚的，因为这样一来，很难解释出现在元语言否定中的否定极性词语，包括"根本（不）"、"再也（不）"、"从来（不）"等：

(143) 王小猫：姥姥。
　　　姥姥：从今往后，我再也不是你姥姥了，我是你外婆。
(144) A：宝宝吃了一点芒果。
　　　B：宝宝根本不是吃了一点芒果，所有的芒果全是她一个人吃的。
(145) A：我从不打伞/shǎn/，我只打伞/sǎn/。

上述例子都包含了否定极性词语，例如"再也（不）"，"根本（不）"，"从（不）"，很明显这些词语不是回声性言语触发的（回声表征里面的极性词语反映的是（肯定）的回声表征），而是否定表达触发的。如果上面的例子中的否定算子都按照 Horn 的解读，读作"我反对你的话语 U"的话，这些例子都会产生问题。就拿（145）来说，Horn 的解读是"我反对言语'打伞/shǎn/'……"，这样一来的话，否定极性词"从（不）"就没法与之匹配了，因为"我反对言语打伞'/shǎn/'……"显然是个肯定句，无法与否定极性词匹配。但是如果这些元语言否定就是真值函数性质的，那么就不存在任何问题，因为不管其辖域中是否存在回声性内容"从（不）"的一致性不受影响。其实不用否定照样能取得元语言否定的功效，例如：

（146）A：要不要打把伞/shǎn/？
　　　B_1：比起打伞/shǎn/，我宁愿打伞/sǎn/。
　　　B_2：不好意思，我只打伞/sǎn/。

如果是描述性的解读，B_1表达的命题是矛盾的："比起打伞我宁愿打伞"但是也有不矛盾的解读："比起被称为/shǎn/的东西，我更愿打被称为/sǎn/的东西。"这里根本就没有什么否定算子，B_2中也是如此。但是除了没有否定以外，回声性特征跟其他元语言否定没什么两样。这些例子中的"宁愿"，"只"似乎也不是什么"元"用法。

这些例子有力证明了区分描述性和元语言否定的不是否定算子本身的操作方式，也不是它的理解方式，而是在否定辖域中出现了回声性成分。但是，如果这些元表征例子中的否定是真值函数性质的，那么最后落入否定所辖的必须是命题形式。这意味着，元表征形式必须要能够产生真值条件内容。但是，这是怎么做到的呢？毕竟，如例（147）这样的还只是描述性否定和元表征辖域内容的混合体，而这两者是不能直接整合为同一层次的表征的：

（147）a. 并非（宝宝吃了"一些"芒果）；她吃了"所有"芒果
　　　b. 并非（我打了伞/shǎn/）；我打了伞/sǎn/。

其实这一困境是荷恩（Horn）和卡斯顿（Carston）都必须面对的，荷恩（Horn）选择了区分两种不同的否定来作为解决方式，真值函数性质的否定将（真值）命题作为其论元，而元语言否定针对的是言语的形式或其他非真值条件的内容。卡斯顿（Carston）的理论同样也受到质疑：

"否定如果是真值函数性质的，而它的论元却不是真值命题内容，那么这样会导致极端地不一致的。这里面即便没有什么范畴错误，至少也还需要作很多解释工作。卡斯顿（Carston）的新单义观，促使她将所有元语言否定的对象都命题化，从语法到语音，从风格到韵律。奥康姆剃刀未免管得太宽了；我们得弄清楚什么样的函数才称得上真值函数，这样我们就会发现否定不可能自始至终都是真值函数性质的。"（Horn，1989：434）可见如果回声理论想要站住脚的话，首先必须要妥善解决的一点是：如果元语言否定算子是真值函数性质的，那么和元表征的内容就不在同一层面上，后者如何能成为前者的论元呢？真值函数性质的否定算子如何将另一个层面的元表征内容纳入其辖域中去？

对于这个问题，笔者觉得没有理由认为否定算子具有歧义，不管是语义歧义也好，语用歧义（暂且不论这个说法是否有意义）也罢。虽然否定算子本身没有歧义，但是元语言否定确实涉及"两种用法"。即落入否定算子辖域中内容的另一种用法：对另一表征的表征（相似为基础的表征，包括回声性用法）。这种特殊的两用法并非否定言语所特有，而是语言中普遍存在的现象。但是不可否认，否定算子真值函数性质的观点确实需要细化。回声话语表达和得出的究竟是什么命题，否定辖域中隐性回声性内容如何被受话者转化为显性描述性表征，这些都是必须回答的问题。

解决问题的关键在于语用充实的过程。尽管否定算子辖域包含了元表征的成分，但是通过语用充实最终可以形成完整的命题表征，成为真值函数性质的否定算子操作的对象（Carston，1996a、b；Noh，1998，2000）。语用推理并非局限于含义的推导，就连言语显性内容的确定，语用推理也起着举足轻重的作用。

为了使例（147）括号内的元表征内容成为一个确定的真值条件内容，需要对它进行语用充实，而根据语义不确定论，这种语用充实的过程其实是所有语义确定都必须经过的过程，并非元语言否定所独有。在元语言否定中，需要语用充实的那部分内容显然就是如何体现出从元表征到描述性的转变。

　　　　（148）a. 并非（宝宝 吃芒果的量是 x，x 被描述为"一些"）；宝宝吃芒果的量为 y，y 被描述为"全部"。
　　　　　　　b. 并非（我打被描述为伞/shǎn/的东西）；我打被称做伞/sǎn/的东西。

　　这里用自然语言对命题形式描写尽管很粗糙，但是至少对涉及的语用充实过程的描写是较为清晰的。通过"称作"、"描述为"、"表达为"等，将（147）a 中的词汇形式和（147）b 中的语音表征转化为描述性表达。（147）中不完整的，无法处理的元表征形式变成完整的命题形式，回声部分如同其他所有合法的引语或提及那样变为描述性的成分。这同样适用于否定句后面跟着的修正句，即使没有否定句，修正句也能作这样的解读。

　　这一处理方式当然不会仅仅局限于所谓的"元语言否定"：

　　　　（149）a. 那个聪明家伙是个笨蛋。
　　　　　　　b. 那个漂亮姑娘（确实）是漂亮。（Noh（2000）用例）

　　如果作完全的描述性解读的话，这些例子都没法达到受话者的关联期待：（149）a 有内部矛盾（149）b 则是同义反复。但是，在合适的语境当中，这些并非无意义、无关联的；实际上，通过回声性我们可以取得关联。因此（149）a 能够被解释为表达不同意某个人认为这个家伙聪明的看法，（149）b 这是同意某人对女孩漂亮的评价：

　　　　（150）a. 那个被描述为"聪明"的家伙实际上是个笨蛋。
　　　　　　　b. 那个被描述为"漂亮"的姑娘（确实）漂亮。

　　事实上，隐性的回声性成分不仅仅出现在（143）—（145）这样的例子中，这些例子中，如果要取得认知关联，就必须确认回声性成分。隐性回声性成分同样出现在言语很好解释，关联度也很高的句子中，为的是取得某种附加的（幽默嘲弄）效果。例如：

(151)（2009年纪念5.12的彩排现场）当天除在绵竹进行晚会的彩排外，还在德阳、擂鼓镇进行了分会场节目的录制。央视名嘴毕福剑，难得有兴致高歌了一曲《自由飞翔》，有意思的是，这位"毕姥爷"还现学了一段小沈阳："我唱完歌，哈~你们就PIA PIA 地鼓掌，你就PIA PIA 地上来给我献花，假装很崇拜我呗！"被点名的观众也十分"懂行"，接着话茬回了一句："我姥爷也姓毕！"将现场搞笑气氛推至最高潮。(《贵州都市报》2009.05.11)

毕福剑唱完歌让观众鼓掌，用一种开玩笑的口气模仿春晚上跟他同台表演的小沈阳特有的腔调。可见语言的隐性回声性用法并不是元语言否定特有，而是一种普遍的语言现象。

第三节　小结

本章在关联理论的基础上将隐性回声性引入元语言否定研究，避免了荷恩（Horn）用真值语义内容来区分元语言否定和描述性否定的种种弊端。荷恩（Horn）等人所谓的元语言否定的本质特征其实都是由元语言否定辖域内容的隐性回声性引起的。

第五章
元语言否定本质回声说的修正与扩展

卡斯顿（Carston）的元语言否定隐性回声性观点为元语言否定研究取得突破性进展，但是回声观也存在着不尽人意之处：忽视回声来源的刻画，忽视发话者意图和语境因素在元语言否定意义构建中的关键作用，忽视元语言否定的认知机制。笔者对此一一进行修正和补充。

第一节 回声来源的刻画

卡斯顿（Carston）提出了回声说，很显然回声的存在要以回声来源的存在为前提，对于元语言否定来说，一个言语要成为元语言否定必须满足如下条件：a 辨识出此话语是回声；b 辨识出回声来源；c 辨识出发话者所反对的到底是回声来源的哪一层内容。

这些是所有元语言否定言语理解的必要条件。这些认知标准无疑严格地诉诸对回声的辨识：只有发现回声，一句话才能称为元语言否定。因此对回声来源的描述，无疑是元语言否定理论一个极为重要的部分。但是卡斯顿（Carston）的理论几乎没有涉及对回声来源的研究。元语言否定的本质特征在于否定算子辖域内容的隐性回声性，因此所有元语言否定都应该有其回声的来源，也就是 Sperber & Wilson 所说的有归属的言语或想法。但是对于回声来源和归属性，卡斯顿（Carston）和 Sperber & Wilson 并未做出什么具体说明。笔者在此希望借助巴赫金的双声语理论，对回声来源进行更细致的刻画。

巴赫金是二十世纪最杰出的思想家之一，一生研究语言学、哲学、诗学、心理学等基础性理论（卡特琳娜·克拉克等，1992）。他的研究处处可见对于语言的真知灼见。巴赫金的"双声语"（回声性言语）同"单声语"（描述性言语）相对。单声语是"具有充分价值的直接表意的语言，目的只在表现自己的对象"，而"作为描写客体的语言，目的虽同样在表现自己的对象，不过本身又构成别人（作者）所要表现的对象，只是这里的干预，并不深入到客体语言的内部；作者是把客体语言当作一个整体取来"（巴赫金，1988：260），这时候的语言就是双声语。文学创作中的双声语就本质而言同回声性言语是相同的，那就是并不指向外部世界，而是指向语言自身，也就是笔者在前面提到的元语言性质。回声话语能定义为对他人话语部分或全部重复。其广泛的交际用途表明，它们自成一个类别。作为一种起到元语言用途的语言形式，回声话语能够像直接引语那样将他人言语引入发话者自己的语篇，由此表达发话者对他人言语的态度（Yamaguchi，1994）。例如：

(152) A：你昨天看见齐小姐了吗？
B：见了。她再也不会见我了。

B 话语的第二部分有两种可能的解读：一种可能是直接断言 B 的信念，即，齐小姐不会再见他了；另一种可能是转述齐小姐所说的话，或者换句话说，是齐小姐所说的话的阐释性表征。类似第二种解读的就是双声语，也是回声性言语。

双声语是"具有双重指向的话语，自身包含着一个必不可少的因素，就是对待他人话语的态度"。①（巴赫金，1988：256）具体地说，"这里的语言具有双重的指向——既针对言语的内容而发（这一点同一般的语言是一致的），又针对另一个语言（即他人的话语）而发"。（同上：255）并且双声语"必须让人觉出是他人语言才行，其结果一种语言竟含有两种不同的语义指向，含有两种声音"（同上：260）。双声语中"两种意识、两种观点、两种评价在一个意识和语言的每一成分中的交锋和交错，亦即不同声音在每一内在要素中交锋"（同上：289）。可见一个话语要成为回声（双声语），必须要以回声来源（他人话语）为前提。回声来源无疑代表着双声语中除发话者之外的另一个声音。

进入双声语的他人话语，只能是具有强烈个性特点的个性命题，才能具有指向隐秘的另一个说话者的标记功能（董小英，1994：99）。因此在元语言否定中，回声来源最为常见、最易理解和接受的，自然是那些有着

---

① 着重号为笔者所加，下同。

具体确定归属、或者说有明确的言说者的先行话语。典型的元语言否定都包含有先行话语。先行话语多数都不是发话者本人的话语，但是也不排除发话者自己在别的时间、空间所说过的话。我之存在是一个"我之自我"，我以外，皆为"于我之他"，一切离开了主体而存在的，不论主体还是客体都是他者（董小英，1994：19）。当自我被自我审视，自我也可以成为客体，成为他者，进入双声话语。例如：

（153）丈夫老是在网上下围棋，要是赢了，总是沾沾自喜地说，"我好厉害，把那小子狂宰了一顿"。有一天丈夫又赢了，而且赢得很漂亮，忍不住眉飞色舞地说："我下棋不是一般的厉害，简直就是神了。"

这里的回声来源是作为被审视的镜像中的"彼我"，因此也是他者，与"此我"形成两种声音。

除了对先行话语的回应，回声来源也可以是非言语的。例如：

（154）一个法国人正在看一副名为"法国国王"的画，画上的法国国王是秃顶的。这人说："法国国王不是秃子，法国没有国王。"
（155）一个司机开车时看到一块标识牌："前方施工，可能延误。"

司机说："不是可能延误。"
（156）张三听说富士康员工今年已经有12个跳楼自杀。他看到报纸上新闻报富士康11连跳后说："富士康不是11连跳。"
（157）一只鹦鹉不停地说"傻瓜"，张三说"我不是傻瓜"。
（158）张三在参加一个同事婚宴时，找不到宴会厅，指示牌上明明写着"XX婚礼这边走"，但是他按指示牌走还是没找着，他看着指示牌说："XX婚礼不是这边走的。"

除了这些书面的、画面的、有所显示的表征，未表达的思想也能够成为回声来源，如（159）和（160）：

（159）A：不要再喝了。

B：我没醉（B认为A认为B喝醉了，尽管A没有明说B喝醉了）。

(160) 小说《穷人》中，杰符什金在给阿丽克谢耶夫娜的信中写道：

"我没有成为任何人的累赘！我这口面包是我自己的，它虽然只是块普通的面包。有时候甚至又干又硬，但总还是有吃的，它是我劳动挣来的，是合法的！我吃它无可指摘。是啊。这也是出于无奈嘛！我自己也知道，我不得不干点抄抄写写的事，可我还是以此自豪。因为我在工作，我在流汗嘛。我抄抄写写到底有什么不对呢！"

巴赫金在分析陀思妥耶夫斯基小说的双声语时，举了这个例子。这段话充斥着对未表达的他人话语的猜测，是非常典型的双声语。巴赫金把隐藏的他人话语补充了出来，把这段杰符什金的独白变成杰符什金和"他人"的对话：

他人：应该会挣钱，不应成为任何人的累赘，可是你成了别人的累赘。

杰符什金：我没有成为任何人的累赘！我这口面包是我自己的。

他人：这算什么有饭吃呀？！今天有面包，明天就会没有面包。再说是块又干又硬的面包！

杰符什金：它虽然只是块普通的面包，有时候甚至又干又硬，但总还是有吃的，它是我劳动挣来的，是合法的，我吃它无可指摘。

他人：那算什么劳动！不就是抄抄写写吗，你还有什么别的本事。

杰符什金：这也是出于无奈嘛，我自己也知道，我不得不干点抄抄写写的事，可我还是以此自豪！

他人：有什么值得骄傲的？抄抄写写，这可是丢人的事！

杰符什金：我抄抄写写到底有什么不好呢！（巴赫金，1988：287-288）

"两句对语——发话和驳话——本来应该是一句接着另一句，并且由两张不同的嘴说出来"，就像巴赫金所做的补充对话那样，可是在陀思妥耶夫斯基的小说里，被补充出来的他人话语"由一张嘴融合在一个人的话语里"。（同上：287）

(161) 我们不卖便宜车；我们的车卖得便宜。

观众可能持有这样的想法：他们卖便宜车。广告人将这些观众可能持有的想法归属于观众。

这些都不能被认为是对先行的他人言语的反驳，而是对他人可能持有的一种观点或想法的反驳（这里的他人自然也有可能是对话的另一方）。

还有一些回声的来源是众所周知的成语、熟语、典故等。可能刚出现时，是某个人的话语，因此具有很明显的归属性。但是随着话语进入社会交流，不断被使用之后，其归属性渐渐消退，带有了普遍性和社会性。我们使用的时候不再问其出处。例如：

(162) 病人情绪失控，大吵大闹，医生们都束手无策，一个实习医生三言两语解决了问题，护士打趣道：这可不是三个臭皮匠顶一个诸葛亮了，这是三个诸葛亮顶一个臭皮匠。

(163) 不是患难时候才见真情，真情时时处处都可见。（《现代金报》2010.2.23）

"三个臭皮匠顶一个诸葛亮"和"患难见真情"作为熟语，一开始肯定也是出自某人之口，有其出典，因而具有明确的归属性。但是随着在语言交流中的反复使用，其原来的归属性渐渐隐退，并不作为某人说过的一句话进入语言，而是作为一个固定的意义，如同一般的语言材料那样具有社会性。再如：

(164) 宝玉问宝钗为何不看戏了，宝钗道："我怕热，看了两出，热得很。要走，客人又不散。我少不得推身上不好，就来了。"宝玉听说，自己由不得脸上没意思，只得又搭讪笑道："怪不得他们拿姐姐比杨妃，原来也体丰怯热。"宝钗听他这么一说，不由的大怒，但她毕竟知书达礼，在众人面前，不会使自己失了分寸。宝钗回思了一回，脸红起来，便冷笑了两声，说道："我倒像杨妃，只是没有一个好哥哥，好兄弟可以作杨国忠的！"二人说着，可巧小丫头靓儿因不见了扇子，和宝钗笑道："必是宝姑娘藏了我的。好姑娘，赏我吧。"宝钗指她道："你要仔细！我和你顽过，你再疑我。和你素日嬉皮笑脸的那些姑娘们跟前，你该问她们去。"说的个靛儿跑了。宝玉自知又把话说造次了，当着许多人，更比在林黛玉跟前更不好意思，便急回身又同别人搭讪去了。而黛玉听见宝玉奚落宝钗，心中着实得意，才要搭言也趁势儿取个笑，不想靛儿因扇子，宝钗又发了两句话，他便改口笑道："宝姐姐，你听了两出什么戏？"宝钗因见林黛玉面上有得意之态，一定是听了宝玉方才奚落之言，遂了他的心愿，忽又见她问这话，便笑道："我看得是李逵骂宋江，后来又赔不是。"黛玉便笑道："姐姐通今博古，色色都知道，怎么连一出戏的名字也不知道，就说了这么一串子。这叫《负荆请罪》。"宝钗笑道："原来这叫做《负荆请罪》！你们通令博古，才知道，'负荆请罪'，我不知道什么叫'负荆请罪'！"一句话还未说完，宝玉林黛玉二人心里有病，听了这话早把脸羞红了。（曹雪芹《红楼梦》）

此例中，宝玉因为薛宝钗"体丰怯热"，用典将她比作杨妃，本来可能有讨好之意，可是在薛宝钗看来却是讨嫌之极。一方面这样用典极为轻薄不当：薛宝钗一向以正统自居，稳重端庄。而杨妃尽管使得"六宫粉黛无颜色"，但在当时的人看来，却是惑乱朝纲的红颜祸水。另一方面，宝玉用的这一典故正戳到了她的心头之恨：秀女落选。尽管《红楼梦》中没有正面提及，但是从蛛丝马迹来看，宝钗进京是来选秀女的，凭她的美貌才气，原本入选胜算极高，但后来为什么落选了呢？极有可能是因为她劣迹斑斑的好哥哥薛蟠。从宝钗为人处世来看，如果光是宝玉说话轻薄，她恐怕还不至于如此失态，更重要的原因恐怕还是落选秀女引起的。宝钗其实心气极高，入宫选秀，本可以成为又一个元春，落选对她来说无疑是奇耻大辱。宝玉的典故尽管说者无心，但受话者有意。宝钗后面种种反常言行可见她确实很生气。宝钗平时的一贯表现是不喜欢涉及是非，不喜欢争风出头，所谓"寡言罕语，人谓装愚；安分随时"，但是这一回，先是对宝玉"说话造次"反唇相讥，后来又重言说跑了寻扇子的小丫头靛儿，旁带暗讽和宝玉"素日嬉皮笑脸的那些姑娘"，最后也用了一个典故，旁敲侧击，讽刺宝玉给黛玉负荆请罪。宝钗这一连串的反常举动皆是由宝玉一个不恰当的用典引起的。

因此，宝钗所言，如果仅从元语言否定的角度来说，是否定宝玉不恰当的说话方式，具体来说就是用典不当。

回声来源除了上述成语典故等之外，还包括那些人所共知的具有权威性的话语，或者具有普遍意义的思想精粹，巴赫金所谓的"格言式思维""无人称真理"（巴赫金，1988：144），如格言、名言、箴言等等。即便离开了说出这些格言的人声，它们仍保持着自己与人称无涉的全部格言意义（董小英，1994：30），因此，当这样的话语出现在发话者的言语中时，仍然具有清晰的他者性。

(165) 棍棒底下出孝子 – 非也.
（www.jiazhangjt.com/？dp – bbsthread – 123. html – 网页快照）
(166) 女为悦已者容，非也。女为宠爱自己者荣。繁忙的工作短暂落尽，生命的脉络清晰可见！
（bbs. rednet. cn/archiver/tid – 23303256. html – 网页快照）

这些名言警句以及前面的成语典故等，尽管发话者并未将它们归属于最先说出这些话的具体的某个人，因而由"独立存在很快转入到发话者的语境中去"，但是它们"同时还保存着自己具体的内容，哪怕是自己语言完整性和最初结构独立性的遗迹"（巴赫金，1998：466）。这一点使得这些名言警句带有独立的"他者性"，从而能够作为一种清晰的声音，进入发话者的话语，而不会使两种声音混为一谈。

回声来源也可能是一种不言而喻的看法，或者说社会规约。例如对别人撰写论文提供各种帮助，社会上普遍会承认这种帮助是重要的，这就是一种社会规约或者说不言而喻的看法。Horn 在自己论文的题注中对别人的帮助表示感谢时说：

(167) 在此要特别感谢［…］。他们的帮助不是重要的——是无价的。（Horn（1985）用例）

很明显这里没有先行的言语，回声来源也无法归属到某个具体的人，这类回声来源不是具体哪个人说的话，而是大家都接受的社会规约。正是因为这种想法的普遍性，发话者会理所当然地认为受话者也有这样的一种想法。因而这种具有普遍性、社会性的话语在特定的语境中也可以具有归属性，具有独立的他性，从而成为双声语中他者的声音。此时进入双声语的他人话语不是作为具有普遍性、社会性的纯语言材料,而是具有鲜明个性色彩的独立判断。

综上可知,回声来源的归属性有这么几种情况:第一种情况是像(153)这样,有着明确的言说者,因而有明确的归属性;第二种情况,这些话语一开始出现是有明确归属性,但是进入社会交流以后,随着不断地重复使用,其归属性渐渐隐退,但是还是隐约可见的,如成语典故、名言警句;第三种情况,原本没有明显的归属性,但是发话者可以将之归属于受话者,如例(167)。前两种话语的归属性是话语本身就具有的,最后一种话语的归属性是发话者赋予的,也就是发话者认为某人会具有这样的想法。而发话者之所以能够将这样的话语归属于某人,正是因为这一话语的社会性和普遍性:这一话语是某种社会规约,大家普遍接受的,发话者才能认为某个人也应该具有这一想法,才能将这一话语归属于某人。

第二节 元语言否定的语用本质

一 回声论无法回答的问题

卡斯顿(Carston)元语言否定的回声观点,因为缺乏对元语言否定言语使用者意图和认知语境等语用因素的考察,存在一些问题没法解决:

首先,卡斯顿(Carston)的理论无法解决元语言否定是否具有统一机制的问题。

元语言否定到底有没有统一的机制呢?如笔者在综述部分所述,戈茨(Geurts)(1998)认为所谓的"元语言否定"现象背后涉及不同机制,不应该用统一的"元语言否定"这一称谓,而应该区别对待。他把元语言否定还原成含义否定、预设否定、命题否定、形式否定。他认为这些不同的否定形式只有一个共同点,那就是其解读过程与一般否定不同,因而具有标记性,但仅此一点不足以将这些否定形式概括为一个统一的类别。

其次,笔者发现隐性回声性用法只能作为元语言否定的必要条件而非充要条件。原因是卡斯顿(Carston)对于回声的来源并未有细致的描述,并未限定否定算子具体针对回声来源哪一部分,因此,光有隐性回声性特征这一点还是没法将元语言否定和普通对比否定区分开来。例如:

(168) A：张三坐飞机去上海了。

　　　B₁：张三不是坐飞机去上海的，他是坐火车去的。

　　　B₂：张三不是坐飞机去上海的，他是打飞的去的/他是坐私人飞机去的。

上述句子中 B₁ 的话语究竟是元语言否定还是一般描述性否定，卡斯顿（Carston）的理论似乎比较难回答。B₁ 的话语显然是具有回声性的，从这个意义上讲 B₁ 应该是元语言否定。但是 B₁ 很显然又是在描述与 A 断言相反的事态，从这个意义上讲 B₁ 又是普通的描述性否定，那么到底应该如何来判断呢？特别是跟 B₂ 一比较，似乎更显出了 B₁ 的这种模棱两可性。

另外，卡斯顿（Carston）似乎也无法解释这样一些边缘的例子。

(169) A: He needs four mats.

　　　B: He doesn't need four mats, he needs more fats.
（Horn（1989）用例）

(170) A：这个城市不大一样了。

　　　B：这个城市不是不大一样了，而是大不一样了。

这些例子具有元语言否定的一些特征，例如（169）"four mats" 和 "more fats" 在语言形式和语音上存在着相似性，可以认为是对语言形式 "four mats" 的否认，而选取与之相似的 "more fats" 这一形式，从这个角度看，这个元语言否定句可以归到语言形式否定这一类；而例（170）中 "不大一样" 和 "大不一样" 具有相似的形式，因此这里否定的是语言形式，同时还可以是对 "不大一样" 产生的级差含义 "并非大不一样" 的否认，可以归到含义否定这一类。例（169）和例（170）这两个句子都有符合元语言否定的地方，但是很显然这两个句子语言形式的不同也造成了真值语义内容的不同："four mats" 和 "more fat" 肯定是对不相同东西的描述，而 "不大一样" 和 "大不一样" 的所描写的状态肯定也是不同的。如何来解释这些例子中的非元语言否定因素呢？这在回声性理论的框架下很难得到解释。

二 回声论的修补

笔者认为对于上述问题如果从言语交际的实际出发,从交际者的意图和认知语境出发,应该能得到比较好的解决。为此,笔者引进了延迟明示理论。延迟明示理论不是从抽象的话语真实条件出发,而是从言语交际的角度解释元语言否定现象,认知语境和说话者意图在其理论中占有重要地位。从这一点来讲,延迟明示理论应该能够很好地补充卡斯顿(Carston)的理论。

在交际过程中,发话者可以利用一切手段和资源将其意图明示给受话者,而受话者则利用一切手段和资源来推断发话者意图。Saka(1998)的明示论充分考虑了发话者意图、交际者认知模型和联想能力。

直接明示是将一个词语与其所指通过直接经验联系起来,例如通过指称表达或通过直接展示某事物。而延迟明示(deferred ostension)某一不在场的事物X,则可以指向或者描述在场的与X极为相关的事物,也就是说人类的认知能够在两者之间建立联系(Saka,1998)。例如,在例(171)中报纸和发行公司之间的认知连接可以使我们通过报纸来指称媒体公司:

(171) a. [指着报纸] 他们给李嘉诚收购了。
　　　 b. [指着报纸] 我今天去那里登了个广告。

(171)是用具体的物品来指称另外的事物,我们也可以用言语来描述某一事物以此来指另一事物:

(172) 学校 [学校的建筑] 被大火烧毁了。
(173) 十一床 [住十一床的病人] 该换药了。

人类的这种联想能力类似于数学上的映射(mappings)。映射原本是数学概念,指的是两个集合间元素的对应关系。假设存在着A和B两个集合,对于集合A中的任何一个元素a,按照某种函数关系F,都能在集合B中找到唯一的元素b与它对应,这种一一对应的关系就是从集合A到集合B的映射。a与b的函数关系为$a = F(b)$。

认知语言学认为人类认知同样具有这种映射能力，其作用举足轻重，这体现在人们对不同认知域之间意义的生成、转移和处理上面。只要人们进行认知活动，这种函数映射不可避免，首先它为意义的生成和推理规定总的过程与原则，比如：联想，类比，推理和反现实等。并且，对于那些并非直接可及、无法为我们直接感知的认知域，这种映射能力是我们获得其认知组织结构的重要途径。后来 Nunberg（1978）将这一观点发展成为语用函数理论。Nunberg（1978）认为由于心理、文化、社会等方面的原因，人们会在不同性质的客体之间建立一些纽带和关联，借助这些纽带和关联，人们可以用一客体间接地指代另一客体。在 Nunberg 的语用函数理论的基础上，福康纳（Fauconnier）（1985/1994，1997）又发展了认同原则（Identification Principle）或者说可及性原则（Access Principle）。借助函数的映射公式，可及性原则可以表述为："假设有两个客体 a 和 b，通过语用函数连接起来，即 b = F（a），那么 b 可以通过指称、描述和指向 a 来辨识或通达。"如图 5－1 所示，a 为触发概念（trigger），b 为目标概念（target），F 为关联成分（connector）：

F（connector）

（trigger）a　　　　　　　　　　　b（target）

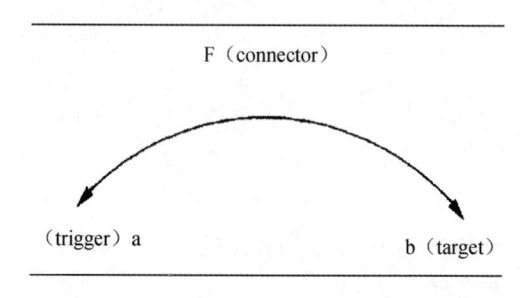

图 5－1　Fauconnier（1985/1994）用图

虽说人们的认知活动大多时候并不针对语言，但是并不排除，有时候人们将语言当作认知的对象。语言在人类认知活动中具有双重身份，它既是认知活动的工具也是认知活动的产物，其结构和功能也应被看成是人类一般认知活动的结果和反映。因此语言也可以成为认知的客体而建立语用函数关系。一个语言表达式可以通过语用函数指向其外延，也可以指向除外延之外的语言本身的如语音、语形、语义等内容。

语言的每一次使用（每一个实际发生的言语行为）都是一种多层次

的明示行为（multiple ostension），明示内容至少包括以下几个层面，这几个层面部分是直接明示（direct ostension），部分是延迟的明示（Saka，1998，2005）。所谓的延迟明示，也就是我们上面论述的语用函数关系。例如，当我们说"māo"时或者写下"猫"字时，向受话者展示了至少如下五项：

(a) 书写形式：猫
(b) 语音形式：／māo／
(c) 词汇入构项（lexical entry）：＜猫，／māo／，名词，猫＞
(d) 内涵：猫
(e) 外延：{x：x 是一只猫}

首先，书写形式（a）或语音形式（b）的展示，可以在任何说汉语的人心里触发相应词汇入构项（c），词汇入构项是包括书写形式、语音形式、句法范畴、意义、语域等等的任意顺序的 n 元组。这种触发是同时的、自发性的，是由人类认知机制决定了的。其次，根据整体—部分语用函数关系，词项＜猫，／māo／，名词，猫＞确定了内涵猫（d）。再次，概念猫确定了外延{x：x 是一只猫}（e）。由此言语"猫"——直接明示或展示了语音标记／māo／，[①] 延迟明示了相应的形式类型、词汇入构项＜猫，／māo／，名词，猫＞、概念猫、约定俗成的指称{x：x 是一只猫}，等等。这些项组成了一个整体，展示其言语标记，意味着延迟明示其他各项。延迟明示的内容不仅仅限于上述各项，与语言表达有关的各种社会、文化、心理等因素都可以成为延迟明示的内容。

但是笔者认为这种延迟明示只是提供了一种语言潜势（potential）或者说可能性。在确定发话者话语所指时，意图起关键作用。例如当发话者

[①] 标记（token）VS. 类型（type）：由皮尔士（Peirce）作出的区分，相应于种类和个体之间的区分，这里个体是种类的元素。标记是一个特殊的和个别的记号，一个单独的对象或事件。类型是相似标记所体现的那个模式，或者是由相似标记组成的类。类型不是单个的事物或事件，只能通过体现它的标记才能存在。一个语句标记是纸上的一系列笔画或声波，它们分别构成书写语句或口语语句，在确定的空间内出现或在确定的时期内存在。一语句类型是不同语句标记所属于的那个类，或者是同一语句的许多说法构成的类。例如，如果是同一语句的许多说法构成的类。例如，如果人们写下或说出"苏格拉底是一位扁鼻子的哲学家"，再写或说一次"苏格拉底是一位扁鼻子的哲学家"，这是两个不同的语句标记，却是同一个语句类型。不过，把什么当作语句类型的同一标准是有争议的。某些哲学家要求字形或声音相似性，其他哲学家则要求意义的同一。

说"pepperoni"时，他可能在指"意大利辣味香肠"（英语）或"绿色的辣椒"（德语），到底是哪个，还要看发话者意图（说英语还是德语）；或者说受话者揣测发话者所怀有的意图；发话者的话语所在的社会/物理语境（在英国还是德国）；等等。否认意图、语境跟语义之间的联系，也就意味着否认词语只有与意图主体（无论是发话者还是阐释者）发生关系，才能在语言使用中产生意义。尽管意图对于意义的形成有举足轻重的作用，意图也并不是任意，想怎样就怎样的，因为通常意图都是依赖于期待。也就是说，语言期待依赖于内化了的在此语言区域内与其他成员交往经验的规则总和以及超越语言的认知规则。（不管你多想飞，你都不能意图起飞。你只能意图干你相信你能做得到的事情，因此意图同理想、希望、或企图是有区别的。）（Saka, 1998, 2005）

在拉丁文中，意图（intendere）指朝某方向瞄准，引导思想到某物。这就指明了意图具有带有方向的指称性特点。交际中意图的主要作用是保证说者话语中的参照物。"意图性可定义为语言表达式的性质，使它指向物体，不管它是个体、状态、事件或过程。'有意图'基本等同于有一个参照物。如果我们把个体、状态、事件或过程都看作是语言的所指，那么语言的意图性便可理解为是语言表达式的指称性。"（张权，2006；Jaszczolt, 1999, 2005）因此在发话者说出一个言语表达式的时候，一般总是指向其外延所指，这就是描述性话语。这是所有语言使用的基本原则（primary principle），但是能够为发话者所操控，并作出调整，这一原则Saka（2005）称为P原则。

（p）在说出任何表达式X时，发话者意图（这一意图可以取消）使受话者处理与x的词汇句法相关的概念内容，从而指向其外延。

而在回声性言语中，发话者意图（这一意图可以撤销）使受话者注意发话者指的是正常外延之外的内容，Saka（2005）把这一原则称为Q原则。

由此笔者认为元语言否定和描述性否定一个最根本的区别就是：通过元语言否定，不管发话者有没有意图受话者去注意外延内容，发话者必须意图让受话者注意到外延以外的内容。而通过描述性否定，发话者只是意图受话者去注意外延内容。

因此我们可以这样来区分描述性内容和元语言内容。

一个语言表达式X是描述性的，当且仅当：

（ⅰ）发话者展示 X 标记；
（ⅱ）由此发话者明示与 X 相关的多个项（包括 X 的外延）；
（ⅲ）发话者意图使受话者注意 X 的外延。
一个语言表达式 X 是元语言性质的，当且仅当：
（ⅰ）发话者展示 X 标记；
（ⅱ）由此发话者明示与 X 相关的多个项；
（ⅲ）发话者意图使受话者注意 X 正常外延之外的其他项。

发话者通过元语言否定辖域中的内容意图使受话者注意此内容正常外延之外的其他项。也就是说通过说出元语言否定话语，发话者不是要断言与回声来源相反的某一现实，而是要反对回声来源话语本身的语义、语音、语形等延迟明示的除外延之外的内容。

例如，

(174) A：下雨了，打把伞/shǎn/吧。
　　　B：我不打伞/shǎn/，我打伞/sǎn/。

当 X 为"/shǎn/"。那么 B 可以（ⅰ）通过说出/shǎn/，向我们展示了当时的语音标记。（ⅱ$_a$）这一展示直接明示了标记形式/shǎn/；延迟明示了类型/ shǎn /以及由词汇入构项——<伞，/shǎn/，名词，伞>及其内涵伞。（ⅱ$_b$）除此以外还延迟明示了（指称）存在 x，x 是伞。（ⅲ）在描述性否定中，B 意图用/shǎn/来指称外延伞；在元语言否定中，作为对 A 的回声，B 意欲用/shǎn/来指与/shǎn/明显相关的除外延外的某一项，也就是列在（ⅱ$_a$）中的某一项。至于是哪一项则要从语境来判断了，从后续修正句我们可以判断应该是指其发音。通过元语言否定"我不打伞/shǎn/"，B 不是要对 A 打伞这一事实的否认，而是反对回声来源 A 的发音/shǎn/。由此可见，发话者利用元语言否定并非是否认某一事实，而是反对描述这一事实所用的言语，在其语义、语音或者语形等上面存在的问题。

三　问题的解决

（一）是否具有统一基础

元语言否定到底有无统一基础呢？其实有一个统一的地方，就是发话者通过展示回声性话语 X，希望受话者不要去注意 X 所指的世界事态，而是去注意 X 语言自身的内容。这也符合 Horn 区分描述性和元语言的初衷。Horn 的错误在于他没有将否定与否定辖域内容分开对待。笔者的处理在某种意义上很好地整合了 Horn 和 Carston 的观点。根据延迟明示理论对回声用法的界定，笔者认为 Horn 所谓的形式多样的元语言否定，看似纷繁复杂，其实应该能够归于一个统一的标签之下。笔者认为这些元语言否定的一个统一的机制是：发话者希望通过元语言否定让受话者注意受到否定的是回声来源正常外延之外的内容。

下面，笔者用延迟明示理论来对各种具体的元语言否定形式进行统一分析。

1. 否定预设

像（175）这样的预设取消言语不是凭空发生的，它应该具有类似于以下情况的语境。有两个帽子设计者，A 和 B。他们因为设计优良品质出众而享有盛誉，最近他们接到几个欧洲皇室订单，现在正在根据这些君王的发型讨论如何设计。在这样的语境下，产生了这样的对话。

（175）A：英国国王长头发。瑞典国王短发有点秃。法国国王是个秃子。

B：法国国王不是秃子——法国没有国王。

A 误以为法国是君主制的国家，"法国国王是秃子"预设"存在一个法国国王"，而 B 否定这个预设。接下来我们来看看预设是否为话语正常外延之外的延迟明示内容。A 通过说出"法国国王是秃子"意欲让 B 去注意 A 以为是法国国王的那个人没有头发这样一个事实，而对于要说"法国国王是秃子"必须要以"存在一个法国国王"为说话的前提这样一种条件关系，显然并非 A 意欲让 B 去注意的。因此预设取消中否定的目标也是有归属的言语（（175）中 A 的先行话语）所延迟明示的正常外延之外的内容。

2. 否定含义

（176）A：张三喜欢踢足球。

B：张三不是喜欢踢足球，张三对足球非常痴迷。

根据 P 原则，A 的先行言语意欲让受话者注意这句话所描述的一个事态：张三喜欢踢足球。而 B 否认的并非这一事态，而是词语"喜欢"所具有的级差数量含义"并非痴迷"。通过和修正句的比较，B 想让受话者去注意"喜欢"延迟明示的正常外延之外的内容："喜欢意味着并非痴迷"，从而否定这一会导致误解的说法。

3. 否定视角

看这个例子：

(177) A：贡米长得像张柏芝。
　　　B：不是贡米长得像张柏芝，是张柏芝长得像贡米。

上述对话发生的语境是这样的："快女"贡米因长得像香港影星张柏芝而一夜走红。A 和 B 都是贡米的支持者。他们在谈论贡米。A 一开始可能会对 B 的话感到惊讶，因为 B 反驳的不是他所要传递的意思，而是言语中的另外某一方面。根据 Saka 的理论：A 通过"贡米长得像张柏芝"这一言语表达，直接明示了此时此地作为标记的这句话本身，延迟明示这个句子表达类型、相关声音模式、句法结构、内涵和外延。A 的意图是将 B 的注意力导向这句话的外延"贡米和张柏芝相像"这一事实，而不是其他各项。但是 B 回答的元语言否定句针对的却不是"贡米长得像张柏芝"这一事实，而是"贡米长得像张柏芝"这一表达中 A 使 B 概念化的方式。要将这个例子中受到否定的内容用具体的语言很好地表达出来不太容易。我们可以借助 Langacker (1987, 1993) 的参照点图式来解释说明。在回声来源"贡米长得像张柏芝"中，A 用的"X 像 Y"这种表达方式可以用参照点结构来解释。认知语法理论认为参照点结构是人类基本的认知模式。Langacker (1987, 1993) 认为参照点结构可以被刻画为为了和另一个实体建立心理联系而激活某个实体概念的能力，概念者通过更为凸显的实体作为临时参照点建立与目标的心理联系。

根据 Langacker (1993)，例 (177) 中，A 通过张柏芝作为更凸显的参照点建立与贡米的心理联系，如图 5-2。而 B 所说元语言否定句反对的是 A 将贡米概念化的方式。

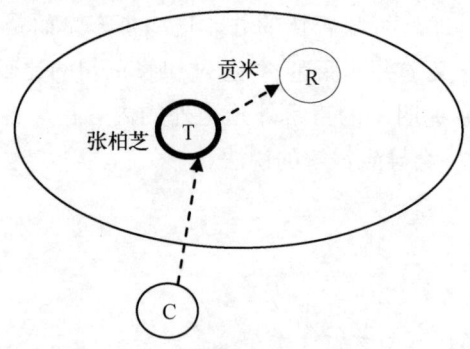

[图示：椭圆形认知域内，"张柏芝"位置标T（加粗圆圈），"贡米"位置标R，C在椭圆下方，箭头从C指向T，再从T指向R]

C: 概念化者 （conceptualizer）
R: 参照点 （reference point）
T: 目标 （target）
D: 认知域 （domain）
⟶ : 心理路径 （mental path）

图 5-2 "贡米长得像张柏芝"的参照点结构图式

B 认为应该用修正句中的概念化方式取而代之。

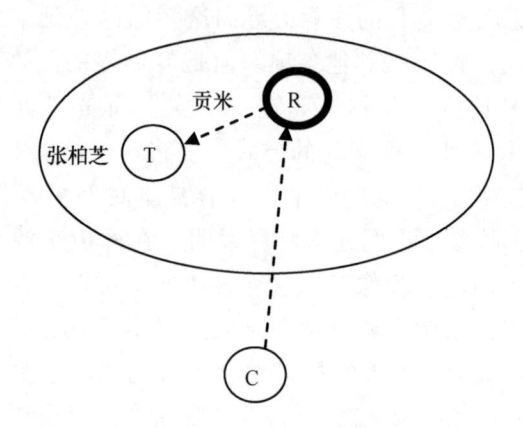

[图示：椭圆形认知域内，"张柏芝"位置标T，"贡米"位置标R（加粗圆圈），C在椭圆下方，箭头从C指向R，再从R指向T]

图 5-3 "张柏芝长得像贡米"的参照点结构图式

这种概念化方式在言语解读认知过程中具有什么样的地位呢？根据 Saka 的延迟明示理论，"凸显张柏芝，通过张柏芝来建立跟贡米的心理联系"这样一种概念化的方式是"贡米长得像张柏芝"这一言语标记所延迟明示的外延之外的内容，并且 B 通过和后面的修正句的对比，意欲 A 注意到这种概念化方式，提醒 A 作为贡米的粉丝显然应该把贡米放到显著的位置上。这种概念化方式所要传达的内容显然不是"贡米长得像张柏芝"这一言语正常的外延所指，后者应该是一种事实"贡米和张柏芝相像"。

4. 否定风格、语体色彩

(178) A：这么便宜的菜都不买，你老妈真吝啬。
B：她不是吝啬，她是节约。

费尔默（Fillmore）认为词汇语义模型具有经验特征："我们对任何语言形式的知识都是与某种有意义的个人情景相关联的。"（1977：62）因此当人们学习一种语言时，他们都是将某种经验场景和某种语言框架相联系。场景不仅可见，而且包含了我们熟悉的人际交往模式、标准的场景、制度结构、身体形象和"任何一致的人类信念、行为、经验或想象的片段（同上：63）"框架是任何能够与原型场景相联系的语言选择系统（包括词语、规则、结构和范畴）。场景和框架彼此激活、互相可及。

费尔默（Fillmore）情境框架语义学极为重要的一点是用他的理论进行词汇分析要涉及一个抽象化的过程，这样一来，建构同一个情境（situation），就可以采用多种方式，导致最后的结果是同一情境可以被理解成不同的事实。例如，一个人可以被描述为"吝啬"或"节俭"，这两个词汇都与统一情境"不怎么花钱"有关。但是用"吝啬"时，发话者描述的是这个人对待他人的表现，与"慷慨"相对；而用"节俭"时，发话者评价此人用钱或使用资源时的技巧或智慧，与"浪费"相对。如例(179) 发话者作了两种不同性质的对比。

(179) a. 老妈不吝啬——她其实很慷慨。
b. 老妈不是吝啬——她是节约。

在 (179) a 中，发话者承认"吝啬—慷慨"的框架，并且告知听话人"吝啬"用来描写老妈性格时使用错误。而在 (179) b 中，发话者要告诉受话者的是老妈的性格不应该用"吝啬—慷慨"的框架来衡量，而应采用"节约—浪费"这一框架。简言之，就是发话者认为某一特定框架的运用不恰当。(179) b 发话者反对的是参照的框架，而非老妈处理钱的方式。

在客观主义语义学看来，一个语言表达要么是正确地描述世界的事态（或心理状态），要么不是。如果是的话，就是真，否则为假。因此(179) b 在描述老妈处理钱的方式上看起来似乎是前后矛盾。但经验主义语义学不这么认为。词汇意义在他们看来是由框架定义的，因此不用完全符合世界。因此，发话者可以用框架来理解某一特定情境。

再回到例 (179)。"吝啬"的框架是 (180) a。而"节约"的框架是 (180) b。

(180) a. 花钱少是好的。
b. 花钱少是不好的。

"吝啬"在 (180) a 的框架中成立，而"节约"在 (180) b 的框架中成立。根据费尔默（Fillmore）(1985) 的说法，否定既可以接受一个框架同时否定其中错误的情况 [如 (179) a]，也可以由于该框架的选择不当而否定框架本身 [如 (179) b]。也就是说 (179) b 中，"吝啬"激活的框架不适用于此情此景，而应采用"节约"激活的另一框架。再如例 (181)：

(181) 我不是剥夺你听我课的权利——我赦免你听我的课。

"赦免"一词的框架包含有"被免去的往往是坏的事情"的意思，相反"剥夺"一词的框架包含有"被剥夺的往往是好的事情"的意思。因此，(181) 表达的是"剥夺"的框架此处使用不当，"赦免"的框架才恰当。

可见此类否定中发话者要让受话者注意的是一个言语表达延迟明示的背后认知框架，而认知框架显然不是这一言语表达的所指。

5. 否定语音语法形态等语言形式

元语言否定中的语音/语调否定也属于这一类。(182) 中 B 不是否定 A 所描述的事态而是不同意 A 的发音 /háng/。发音/ háng /并非正常外延内容，B 并不否认取名"廖备水"是因为五行缺水这一事态。

(182) A：廖备水取这个名字是因为他五/háng/缺水。
B：他取这个名字不是因为五/háng/缺水——是因为五/xíng/缺水。

言语中发音、语调错误等在我们的日常交谈中时有发生，但是受话者很少会指出来，往往都是通过没有说出口的话语来修正，从而正确了解发话者的意图，这正是因为受话者明白发话者的真实意图并不是在于使受话者去注意错误发音。这是交际能顺利进行的原因之一。

元语言否定的语法形态否定也能用同样的方式来处理。(183) 中，B 反对的是 A 的 mongoose 的复数形式。A 的话语尽管明示了这样的复数形式，但 A 的意图并不是让 B 去注意 Mongoose 的复数形式，而是将 B 的注意力引向其外延。在 B 的回复中，B 意欲 A 去注意的却恰恰是复数形式这一点。

(183) A：I heard that you managed to trap two mongeese yesterday.
B：I didn't manage to trap two monGEESE – I managed to trap two monGOOSES.

6. 否定真值条件语义内容

元语言否定中也存在一类否定真值条件语义的句子。

(184) A：张三坐飞机去上海了。
B：张三不是坐飞机去上海的，他是坐火车去的。

一句话的真值条件语义和其外延所指是不一样的。尽管真值条件语义与所指密不可分，但两者毕竟不是一回事。发话者通过描述性否定描述"张三没有坐飞机去上海"这一事实，希望发话者注意这一事实。而通过元语言否定，发话者希望受话者注意先行话语"张三坐飞机去上海"为假（不管 A 说假话的原因是撒谎、反讽还是其他）。这两者是有区别的。

前者指向语言表达的外部所指，后者指向语言表达的真值语义。元语言否定的言下之意，先行话语"张三坐飞机去上海"这句话为假，因为事实上张三没有坐飞机去上海，张三是坐火车去的。由此可见，这一类元语言否定句，也是对外延内容之外的内容的否定。正是因为这类否定句的工作机制与前面几种元语言否定句是一样的，所以笔者也把这类句子归入元语言否定。对于它是否具有元语言否定的性质，笔者接下来还要具体分析。

其实我们可以将元语言否定的类型分成两大类：一类是语言形式相关的，另一类则是语义相关的，因为语言本身包括形式和意义。戈茨（Geurts）（1998：277）认为他所提出的形式否定是唯一真正的元语言否定，因为只有形式否定才是指向语言对象的，Noh（1998：616）也把回声内容是语言形式的否定称为"真正的元语言用法"。但是，笔者认为所谓元语言否定不应该只针对语言形式，而舍弃语言意义，尽管一涉及意义，一切都会变得复杂起来。舍弃了意义部分，简单是简单了，但是肯定是不完整的。而 Saka 的理论将这种语形和语义的区别统一到了发话者的意图之下，因为发话者的意图可以针对语义而发也可以针对语形而发，其统一的基础是 Q 原则，发话者意图通过元语言否定不是用来表达与某种事实相反的断言，而是用来反对外延之外内容，不管是语言形式还是语言意义。用延迟明示理论来分析，元语言否定是否具有统一机制的问题就不言自明了。

（二）元语言否定是否包括真值条件内容否定

对于（185）这样的例子，到底是不是元语言否定呢？笔者将在 Saka 延迟明示理论的基础上，展开详细的论证。

(185) A：张三坐飞机去上海了。
　　　B：张三不是坐飞机去上海的，他是坐火车去的。

Horn 认为元语言否定是对先前言语的否认，这种否认可以是基于任何的立场，包括此言语可能引发的规约或会话含义、其语形、风格色彩或语音等。尽管"任何立场"看起来好像也应该包括真值条件内容（认为某人的言语为假是否认的最强有力的立场），但是他后面所举的例子却不包括这个，而"元语言"这个词语也似乎在暗示否定针对的应该是形式的而非命题内容的成分。大概很多人都会认为，既然描述性否定针对真值内容，那么另一种否定没有必要跟描述性否定抢地盘。

　　实际上，这种元语言否定的现象要比我们想象的更为普遍。元语言否定下有许多是否定语言形式的例子，这些被称作元语言否定再适合不过了，但是我们也不能忽略对那些有归属的（言语或想法的）命题内容的表征的否定，因为这其实也涉及了同样的过程。如果不能注意到这一点的话，元语言否定理论就失去了普遍性。

　　其实虽然同样是否定真值条件内容，但是因为涉及的发话者意图不同，两者也有了本质的区别。这在 Saka 的理论框架下是很好解释的。正如笔者前面所述，根据 Saka 的观点，如果例（185）中通过说这句话，B 意欲让受话者关注张三没有坐飞机去上海这一事实，即表示与 A 相反的断言，那么就是描述性否定。如果通过说这句话，B 意欲让听话者关注断言"张三坐飞机去上海"归属于 A，是 A 说过的话，也就是说是回声性的，就是元语言否定。就受话者认知假设的改变而言，通过前者，受话者明白"他没有坐火车去上海"这一事实，通过后者，受话者明白 A 说了句假话（不符合事实的话）。这样如何判断其到底是元语言否定还是描述性否定，就变成判断 B 的意图，这就必须在语境中来判断（元语言否定语境问题笔者会在下一章作专门解答）。因为没有更具体的语境，究竟是哪种情况就不得而知了。在一定语境下，两种可能性在它们取得的效果或这些效果取得的途径方面可能会有细微的差别，回声性用法中的否认态度要比描述性的强些，例（185）中，B 更强调 A 所说的先行话语不正确这样一种意图，虽然最后结果往往殊途同归。这种差别尽管细微，但是所谓见微知著，我们并不能因此而否认其存在。

　　像例（185）要判断是描述性否定还是元语言否定确实有难度。在处理话语"张三不是坐飞机去上海"时，如果没有特别的语境暗示（如语言指示词、语音语调标记等）的话，根据 P 原则，一般我们会处理其概念内容，并指向物体。因为"意图性可定义为语言表达式的性质，使它指向物体，不管它是个体、状态、事件或过程。'有意图'基本等于有一个参照物。如果我们把个体、状态、事件或过程都看作是语言的所指，那么语言的意图性便可理解为是语言表达式的指称性"。（张权，2006：71）也就是说描述性否定解读是默认的解读。而如果后续句子是"他是坐火车去的"，那么"张三不是坐飞机去上海"在做描述性否定解读（指向外延）时，与后续句子之间完全可以找到关联，并且关联度是很高的。从受话者的角度来讲，受话者一旦找到能够满足他关联期待的解读，这时他就不再寻找其他的解读了。最先得到的解读（描述性否定）就是唯一的解读，其他的都是不合适的。所以说像（185）中 B 的话一般都会做描述性解读。但这并不意味着这一类否定真值内容的话语不能作元语言否定解读。在一定的语境下，这类句子也能做元语言否定解读。例如：

A 和 B 同班同学，都是男生，A 爱开玩笑，而 B 总是一本正经。一天 B 穿了一件有点女性化的衣服。

（186）A：靓女，好漂亮的衣服呀。
　　　　B：我不是靓女，别这么没正经好不好。

B 的话"我不是靓女"显然否定的是真值内容，但是 B 显然不是要 A 去注意他不是女的这一事实，因为 B 不是女生这一点对 A 和 B 来说是互明的共有信息，B 没有必要再提供这一信息，B 这里是让 A 注意他的说话方式，要正经一点。其实，这个例子为什么比较容易分辨是元语言否定，这是因为这里，"B 是靓女"明显有悖于交际者所认为的事实，也就是说"B 是靓女"不可能来自于事实，只能是来自于 A 说过的话，归属于 A，即只能是回声。再如：

（187）A：昨天跟你在一起的那个"姑娘"是谁。（讽刺）
　　　　B：他不是什么"姑娘"，他是我弟弟。

例（187）中 B 要反对的是 A 的那种说话方式，即讽刺的方式。A 是 B 的熟人，并且认识 B 的弟弟。因此"B 的弟弟是个男的"这一信息在当时的语境中是一个互有知识。因此，B 可以判断，A 这么说是故意的，是反讽。所以 B 的话语是对 A 的说话方式的否定，尽管也恰好否定了其真值条件语义。当否定的是真值语义内容时，判断是元语言否定还是描述性否定的关键是判断这一否定言语是指向外部事实，还是指向语言本身，即先行话语说话的方式不合适。发话者可以故意说假话以达到某种目的，如反讽、说谎等，因此如果是对此类言语的否定也是元语言否定，而其真值也会发生逆转。这和前面的例（185）不同，例（185）中"张三坐飞机去上海"有可能是事实，因此否定"张三坐飞机去上海"就有可能指向事物，从而是描述性否定；也可能是某人说过的一句话，因此是归属于某人的一个回声，从而是元语言否定。

（三）如何解释边缘例子

如何解释（169）、（170）这些例子。在此之前，我们其实应该先回答这样一个问题：否定辖域内容可否既是元表征性质又是描述性的。根据Saka的理论，答案是肯定的。笔者认为描述性和元语言性不应该是互相排斥的，用Saka的话说不应该是一个硬币的两面。这些都是比较边缘的例子，但是也正是其边缘性、模糊性、不确定性，使得它们成为检验我们理论的极好材料：如果这些材料能用我们的理论得到很好的解释，就能证明我们的理论具有较强的解释力。

明示论的最大优点是它允许语言的描述性用法和元语言用法同时存在。虽然描述性用法和元语言用法是不同的语用现象，"但说话者可以使受话者在理解话语的概念内容的同时也注意话语的其他相关特征"，因为回声性语言"不仅指示作为标记的自身，根据认知模型的网络特点和联想关系，它也延迟明示其背后的类型、词汇特征、内部结构、指称对象和语义内容等一系列相关事物或方面"。（辛斌，2009：5）这种观点"符合语言运用的基本规律和语言使用者的认知特点：从话语生成的角度，语言是一种多功能的体系，一种表达方式可以同时完成多种功能；从话语理解的角度，人类的认知特点允许我们根据需要合理分配注意力以便同时注意多个事物或者同一事物的多个方面。"（同上）

发话者因为一些原因希望受话者注意词汇的选择。为了告知受话者这种意图，发话者会使用元语言否定。

(188) A：这个城市和以前不大一样了。
　　　 B：不是不大一样而是大不一样了。

在说（188）的时候，S意图使受话者注意（i）事实这个城市变化并非只是一点点（真值语义否定）；（ii）并且注意词语"不大一样"和"大不一样"在形式上的相似性（形式否定）；（iii）并且注意词语"不大一样"程度不足以描述这个城市的变化（级差含义否定）。

包含回声的表达有两种意义成分。一种是所有表达都具有的一般性的意义，来自于P原则；另一种来自Q原则。P原则和Q原则产生：

(PQ) 说出有回声的表达式，S 意图受话者处理概念内容并且注意某些与回声话语延迟明示的除外延之外的内容。

因此，笔者认为，不管发话者有没有意图听话者去注意言语表达的外延内容，只要发话者通过这个话语意图让受话者去注意正常所指之外的内容就是元语言否定。

第三节　元语言否定的认知本质

1921 年，丹麦心理学家 Rubin 在描述大脑工作方式时，认为大脑用一种特殊的方式组织图形以区分图形/背景，这样一种心理过程成为整个知觉的基础。图形/背景区分只是大脑强加给刺激图式的一种组织方式，但是，它也是最普遍、最基本的认知机制。后来的格式塔心理学家（完形心理学家）利用 Rubin 的发现来对知觉进行研究。在他们看来，人类感知事物时，被感知的对象自始至终都分割成图形和背景两部分。图形形状完整，结构清晰，并且连贯一致，因此易于感知和识别，从而受到关注；而与之相对的背景则分化不明确、细节模糊，结构也欠清晰，只能起到衬托图形，使图形得到凸显的作用。(Croft W., 2004)

就话语理解而言，人们在处理一个话语时，一般总是要遵循 P 原则，关注其概念内容，而其他延迟明示的内容如语音、语形等则未受关注成为背景。我们承认后者一般不会得到激活，这跟语言自身的特殊性有关。语言的主要功能是可以用来描述世界，当人们用语言描述世界时，一般不会注意语言本身，除非语言本身出了什么问题，就像农民用镰刀割麦子，他的任务是如何用镰刀割完一亩地麦子，他注意麦子长得好不好，量多不多，他割了多少，还有多长时间割完，但是他一般不会注意用来割麦子的镰刀，除非镰刀钝了。当人们描述世界时，他眼里只有眼前看到的景象，没有语言。所以对于语言自身的知识一般不会激活，除非语言本身有问题了。

一　图形/背景扭转和元语言否定

心理学家对感知的实验证明，图形是感知的对象，背景是围绕图形的环境。但是知觉系统到底挑选（或者偏好）哪一个，取决于组织原理和分组原理（欧文·洛克，1989）。在多数情况下，这种选择是决定性的，选择后只发生一种知觉。也就是说，尽管从逻辑上讲，被表示为图形的也可以表示为背景，可是人们自然地偏好前者。就语言而言，感知的这种决定性或者说偏好体现为我们前面所提到的 P 原则：受话者在听到话语 X 时一般首先只会处理其概念内容，因此这一内容在人们的认知系统中成为图形，而其他根据 Q 原则得到的内容则成为背景。

元语言否定针对的是由 Q 原则得到的内容，从认知的角度来讲，元语言否定和描述性否定的区别在于：元语言否定是对原来处于背景的内容的否定，而描述性否定是对图形的否定。但是否定是对焦点敏感的算子，从认知的角度来说，否定只能针对有形的、凸显的，在人们的大脑中处于活跃状态的内容，也就是否定要作用于图形，否定必须是针对凸显部分进行。因此元语言否定必须要以图形/背景的扭转为前提。而实际上，只要我们有意识将背景区域感知为一个图形，我们是可以颠倒图形/背景关系的。在元语言否定中，回声充当了背景前景化的机制，将图形/背景扭转过来。正如笔者在前一章提到的，通过回声发话者意图人们关注语音、语形等原本未受注意，处于背景的内容，这也意味着在回声中原来的背景变成图形，原本是图形的隐入背景。例如（189）：

(189) A：今天的小组讨论黄/wáng/老师也要来参加，请大家做好准备。
B：没有什么黄/wáng/老师来参加小组讨论，是黄/huáng/老师要来。

根据 P 原则，处理者注意的是回声来源中的概念内容，即"黄老师要来参加小组讨论"这一事实。这一内容在处理者大脑中处于活跃状态，因而凸显为图形，其他延迟明示的内容如"黄老师"的发音等未受到关注，作为混沌、未分化的背景存在。但是一旦成为回声，根据 Q 原则，处理者注意的是语音、语形、隐含义等原本处于背景中的成分，因此原本的背景"黄/wáng/老师"的错误发音得到凸显，而原来的图形则退而成为背景，这样图形和背景就被扭转过来，错误发音才可能成为否定操作的对象。

二 图形/背景扭转的实现

元语言否定体现了图形/背景扭转的这一认知过程，元语言否定的认知本质就是旧的图形/背景关系被打破，新的图形/背景关系得到确立，但是问题是在元语言否定中 1）图形/背景扭转如何可能？需要具备怎样的条件？2）图形/背景扭转如何实现？是什么促使图形/背景发生翻转？

先来看第一个问题，图形/背景扭转如何可能？

当人们在不知道一个图形可理解为两样东西的时候，往往根据某些原理来组织这个图形。例如对于图 5–4 中 Rubin 的人脸花瓶，人们倾向于将中央区域作为图形，对于图 5–5 中奈克立方体，人们倾向于认为立方体是水平放置的，而不是斜歪站在一边上。这种偏好得到了实验室证明，在一些视觉实验中受试者确实表现出这样的偏好（欧文·洛克，1989）。就元语言否定而言，人们在理解元语言否定话语时，往往根据 P 原则或者是默认原则，将注意力集中于这一话语的概念内容。

图 5–4

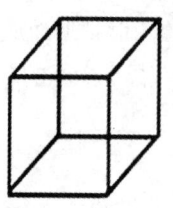

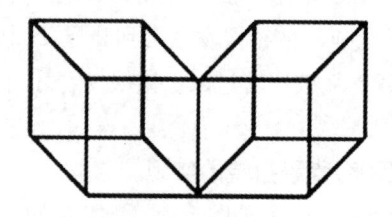

图 5–5

但是对图形—背景的感知并非固定不变的,这是一个动态的认知过程。因为人脑对于刺激输入的组织完全有可能存在两种或更多的方式。图形/背景的切换说明,在一定条件下图形和背景是可以转化的。图形/背景的扭转是因为它本身具有两可性,就语言而言,它具有对象语言和元语言的双重功能。作为对象语言,它可以用来指称外界对象的名称以及指称外界对象性质和关系。作为元语言它可以用来谈论对象语言,也就是说它可以指称对象语言的名称以及指称对象的语言性质。因此元语言否定也可以在语言的两种功能之间进行转换。

从感知者的心理基础来讲,人们必须具有元语言意识,才可以发现语言的自指。要区分元语言和对象语言,必须要具有元语言意识(metalinguistic awareness)。缺乏元语言意识就无法发现语言的层次性,就会出现下面这样的笑话:

(190)老师:猫是个名词,小明,你能否再举个名词的例子?
小明:猫。
老师:对。能否举另外一个例子。
小明:另一只猫。
(老师雷倒。)

人类的言语交际不仅仅要求我们能够利用语言系统来理解和生成句子,还需要我们将语言本身作为思维对象,审视、操控语言的结构特征,并不断对自己的言语行为进行积极而自觉的监察、调整和操控。(Tunmer & Herriman, 1984:12)这种对语言的反思能力,也就是我们说的元语言意识。小明之所以会犯这么可笑的错误,就在于他缺乏元语言意识。所谓的"元语言意识",是与元语言有关的意识,是在一般的语言生成和理解的无意识的过程之外,有意识地审视、分析或操纵语言的各个方面,包括语音、语义、句法形态、语篇、语用等。(Amit Bajaj 等,2004:65)这是人类认知能力的一部分,"也是人的语言意识和语言能力的一个重要组成部分"(封宗信,2005b:409)。

具有元语言意识的人,知道词是抽象的,可以把语言当作一个物体或对象来谈论、分析、比较和对比。元语言意识促使人分析语言形式及其内容,因而能够使人迅速意识到一个词与它的所指对象没有内在关系时所具有的特殊意义，从而能驾轻就熟地使用非字面语义（隐喻、反讽等）。正如 Winner & Gardner 所说（1993：426）要完全理解非直义言语不仅需要释义还需要元语言意识。在这一层面上，理解不仅包含了明白发话者意思，还包括对所说和所意味之间的不同之处要有个清醒的意识。只有有了这种元语言意识，受话者才能辨识并理解曲言的比喻性。

　　如果受话者具有元语言意识，那么他就知道语言表达是具有两可性（这种两可性源于语言本身的功能：元语言功能，即语言本来就是能够自指的），一种是根据 P 原则得到的概念内容，另一种是语音、语形、语义等根据 Q 原则得到的内容。在一定的语境诱导之下，这种元语言意识被唤醒，受话者很快就能将注意力集中于后者。

　　那么具备了语言基础和心理基础之后，元语言否定中的图形/背景扭转如何实现呢？这就是笔者要解决的第二个问题。图形和背景分离必须以认知凸显为基础。只有当图形作为一个完形凸显出来，图形和背景的分离才可能实现。要解决语言中的图形和背景问题，必须确定图形和背景的基本特征。有了这些基本特征，事实上就找到了支配人们选择图形和背景的因素。（文旭，2003）也就是说只有具备了这些特征，某一个认知实体才能凸显为图形。其次，图形/背景扭转，即新的图形的确立，要遵循完形规则，这是格式塔心理学家们所公认的。

　　首先我们来看一下，成为图形和背景要具备哪些基本特征。Talmy（2000：315-316）给语言中的图形和背景分别列举了定义特征（definitional characteristics）和相关特征（associated characteristics），如下：

	图形	背景
定义特征	未知待定	已知，可作为参照点确定未知图形
相关特征	易动	固定
	小	大
	被当作简单形状处理	被当作复杂形状处理
	在情景或意识中更近	更熟悉/可预知
	受关注更关联	不怎么受关注关联度低
	不可立即被感知	可立即感知
	一旦感知更为凸显	一旦图形被感知会背景化
	较依赖	较独立

（Talmy，2000：315-316）

图形和背景的定义特征指的是"图形没有已知的空间或时间特征可确定；背景具有已知的空间或时间特征，可以作为参照点用来描写、确定图形的未知特征"，而联想特征则"从空间、时间、动态性、可及性、依赖性、凸显性、关联性以及预料性等不同的维度进行描写"，并且联想特征可能会好几个同时起作用。另外，在确定图形和背景时定义特征起决定性的作用，而联想特征则起辅助作用，若两者发生冲突，联想特征应服从于定义特征。(Talmy，2000)

正是由于定义特征在确定图形和背景时起着决定性的作用，因此，只要给予一定的语境支持，使得原本的背景满足图形的定义特征，那么原本背景就能凸显为图形，反之原本的图形则转化为背景。

根据上述图形的这些特征，我们就可以来解释元语言否定中发生的图形/背景扭转的现象。我们来看一下元语言否定句中得到凸显的回声内容是否具备可以成为图形的基本特征。再看前面举过的例子，重复如下：

(191) A：下雨了，打把伞/shǎn/吧。
　　　 B：我不打伞/shǎn/，我打伞/sǎn/。

如前所述，当 B 通过说出/shǎn/，向我们展示了当时的语音标记。这一展示直接明示了标记形式/shǎn/；延迟明示了类型/ shǎn /以及由词汇项——<伞，/shǎn/，名词，伞>及其内涵伞。除此以外还延迟明示了(所指)存在 x，x 是伞。

在元语言否定句延迟明示的各项中间，"伞"的发音是待确定的，这首先已经满足了图形的定义特征。相对于 B 通过这句话延迟明示的作为整体的各项总和来说，"伞"的发音是部分，因此较"小"。我们知道 B 说这句话就是希望听者去作元语言解读关注其发音的，B 肯定会利用各种语言的、非语言的资源来明示其意图，因此，其发音在当时语境中关联度更高。但是根据 P 原则，发音并非默认的，不可立即被感知，而一旦感知 B 的意图，发音又是最为凸显的。元语言否定的语境依赖性是很强的，它必须依赖语境或修正句，这笔者在前面已经论述过。显然"伞"的发音具备了成为图形的特征。

那么具备了这些特征之后又是如何得到凸显而最终成为图形的呢？

正如笔者上面所述，图形/背景区分必须以认知凸显为基础。图形之所以能成为图形，必须得到认知凸显。也就是说，在感知某一事物时，这一事物在感知者的知觉中往往是凸显的，因而才能成为图形，而其余的环境部分往往是混沌的、未分化的。"从印象上来看，一个情景中的图形是一个次结构，它在感觉上比其余部分（背景）要'显眼'一些，并且作为一个中心使其具有特殊的凸显，情景围绕它组织起来，并为它提供一个环境。"（Langacker, R. W., 1987: 120）。在完形心理学家看来，图形在心理上就是一个完形，它的凸显应该遵守格式塔原则或完形原则（Gestalt principles）（Haber, R. & Hershenson, M. 1980）。格式塔理论认为，当人们接触到一个不完整的感知场时，就会"在过去的经验的引导下"沿着"好"的完形方向，以一种"可预见"的方式，把这个场感知成为有秩序、有组织、结构清晰的完形的。完形存在于人们心理中，因为物理环境没有改变，只是物理环境在人们心理中的投射改变了。（Blosser, 1973: 44）

按照完形理论的观点，图形的感知有时会依赖组成图形的成分之间的关系。被感知物以某种方式组合，一些视为一个整体，而其余部分则成为一个更大结构的一部分。格式塔完形趋向理论包括一些重要的知觉组织原则。知觉是刺激物成分在大脑中得到组织后各成分之间的组织关系的产物。确切地说，知觉依赖于刺激物成分在神经系统内部的表征过程。这些组织原则就是格式塔原则，包括：

1. 邻近原则（principle of proximity）：相互距离较近的个体成分会被感知为彼此相关而组织在一起。如下图，人们容易把中间的四个圆当成两组，分别与最边上的两个圆组合。

图 5-6

2. 相似原则（principle of similarity）：相似的个体成分往往被组织在一起，感知为一个整体。如下图，我们容易把它看成 4 列，而不会把它看成 4 行。

```
x    o    x    o
x    o    x    o
x    o    x    o
x    o    x    o
```

图 5 – 7

3. 闭合原则（principle of closure）：若个体成分合在一起能构成一个闭合而非开放物，感知者倾向于将这些成分组合为一个整体。如下图，虽然这个圆形不完整，但人们依然认为它存在着，人们倾向于从视觉上封闭那些开放或未完成的轮廓。

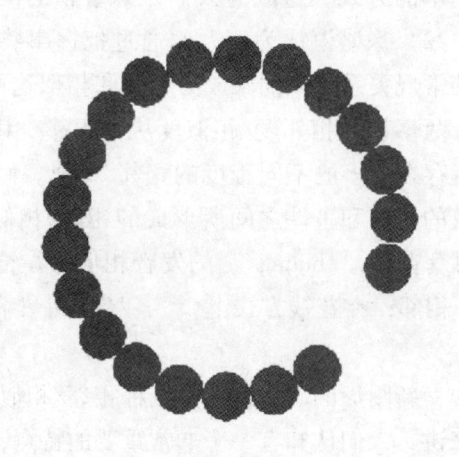

图 5 – 8

4. 连续原则（principle of continuation）：成分的矢量决定下一成分的方向，简单来讲，就是方向一致或能够平滑相接的成分会被组织在一起。人们倾向于知觉连贯或连续流动的形式，而不是断裂或都不连续的形式。下面这个图，通常会被感知为一个圆形，而不是四段弧形。

5. 共同命运原则（principle of common fate）：如果一个对象中的一部分都向共同的方向去运动，那这些共同移动的部分就易被感知为一个整体。

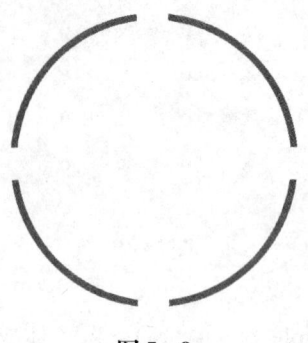

图 5 – 9

格式塔诸原则在徐盛桓（2006a）那里被抽象成为两个更为基础的人类感知的基本的触发点：相邻和相似。"以相邻和相似为参照点，是人们感知事物的两个基本的方式，这成为人们认识事物的两个基本的维度。"（徐盛桓，2006a：22）徐盛桓认为，人们通过把握事物间的关系来认识事物，而事物间的常规关系可以抽象成为相邻和相似这两个维度：[相邻±]、[相似±]，两事物的相邻度/相似度从很相邻/相似到很不相邻/相似，这两极中间就存在许多的不同程度的相邻/相似。而"语言运用总会利用话语中所涉及的对象和事件之间所形成的相邻/相似关系。"（同上）如："/wáng/"的发音和"/huáng/"的发音相似；在情感这一连续统上"喜欢"和"爱"相邻；在花钱方式上，"吝啬"和"节约"相似，都是花很少钱，等等。

　　元语言否定中，新图形的确立，正是这种相邻/相似关系在发挥作用。因为从认知层面来讲，人们认知有一个非常重要的特点，即具有相邻性或相似性的两事物会被当作一个整体来感知，就是将具有一定强度的相邻性或相似性的两事物识解为一个整体，认定了其中一个的存在就总是内在地蕴含着另一关系体的不同程度的存在，不管这另一关系体在该认知活动中在不在场。（徐盛桓，2006b：110）就拿例（189）来说。受话者在处理否定句"没有什么黄/wáng/老师来参加小组讨论"时，一开始受话者并未注意"黄老师"的发音，也就是说其发音并未凸显出来，是未知的，或者说是潜在的。当听到修正句中的"黄/huáng/老师"时，要在/wáng/和/huáng/之间建立相似/相邻关系，以满足完形趋向，于是就必须找到其相似/相邻的基础。"黄/wáng/老师"和"黄/huáng/老师"在语音上的相邻/相似基础的确立，也就意味着"黄老师"的发音作为图形得到了凸显。元语言否定完成了背景前景化，或者说图形/背景关系扭转了过来。

第四节 小结

　　卡斯顿（Carston）的元语言否定隐性回声理论还存在着不足之处，本章是对其不足的修正和补充。首先，笔者对回声来源，回声中的他人声音进行了探讨。其次，这一理论很少涉及发话者意图等语用因素，笔者采用 Saka 的延迟明示理论，从发话者意图的角度，对回声进行了进一步的限定，对回声性质作了进一步的分析。只有这样，一些边缘的例子才能得到解释，元语言否定是否具统一机制也才能得到解答。最后，这一理论不关注元语言否定话语的认知特征，笔者从认知的角度对元语言否定的本质作出解释：元语言否定涉及图形/背景的扭转，本质上是对原来处于背景中的内容的否定。

第 六 章
元语言否定的解读

　　为何要研究元语言否定的解读模式？前面章节的讨论其实主要还是跟元语言否定的本质相关，基本上是静态的研究，也就是说元语言否定作为一种解读的结果，其意义是什么样的。接下来我们要考虑的是实际动态交际中的元语言否定，也就是说元语言否定的这种意义是如何来的。熊学亮曾经把言语交际比作足球赛。（熊学亮，1996a、b，1999）足球比赛中传球者和接球者必须相互配合，传球者事先对接球者可能跑到的地方进行预测和判断，然后再将球踢给接球者，而接球者也要对球可能传到的落地点进行估测，然后朝着可能的落地点跑去，万一球没有落向预测的位置，接球者会积极调整以接住球。话语交际与足球比赛中的传接球很相似。交际双方也必须相互配合，并对对方的认知状态进行预测，积极调整自己的认知状态。如果把传球者比作发话者，把接球者比作受话者，那么"如果我们要设立一种传接球的最佳模型的话，我们就要研究成功的传接球，而研究接球人的心理模型就比研究传球人的模型方便得多、保险得多。"（熊学亮，1996a：2）正是基于这一考虑，我们在研究动态交际中的元语言否定时，必须要考虑元语言否定的解读模式。也正是基于这一考虑，笔者希望通过研究元语言否定在受话者解读过程中究竟有何特异之处，来彰显元语言否定的本质。

　　值得注意的是，在我们研究元语言否定解读时，需要分清楚三个方面的研究内容：首先，如何判断一个语篇中的一句话语是元语言否定（如何辨识元语言否定，识别出作为类型的元语言否定）；其次，确定发话者所意谓的元语言否定的具体的意义（解释元语言否定具体指向哪一层内容，弄清元语言否定的具体的值）；再次，元语言否定能够取得什么样的交际效果（元语言否定的语用功能）。

第一节 元语言否定的辨识

让我们首先来看元语言否定是如何得到辨识的。元语言否定的辨识并不简单，正如徐盛桓所说：

含义否定表达具有不完备性。这说的是含义否定本身并没有自己的一种表达手段将含义否定标示出来。负载否定的信息内容的否定句未能将含义否定一目了然地表达，它必须依靠修正句的"点睛"，才能将表达的真正意义完整地揭示。去掉修正句只余否定句，在表层上将同普通否定句同形；除非有明显的语境的制约，否则只可能按普通否定句来理解，这时不但意义不能完备地传输，甚至使意义刚好相反。（徐盛桓，1994：34）

正如笔者在绪论中提到元语言否定的研究尚处于基础阶段，远远未达到隐喻、转喻、反讽等研究那样的程度。研究一种语言现象，其理解过程的研究应该而且必须是至关重要的部分，元语言否定研究也不例外，但是以往元语言否定理解过程的研究只是如蜻蜓点水般浅尝辄止。荷恩（Horn）（1985，1989）认为元语言否定必须进行二次解读，他把这看成元语言否定的本质特征。而卡斯顿（Carston）虽然注意到了非二次解读的情况，很可惜她没有将这些语言事实进行抽象、提升，上升到理论假设的层次，从而建立一个较为完整的元语言否定的解读模式。

这就是元语言否定辨识过程研究的全部情况了，似乎离完整的、具有较强解释力的辨识模式还有很大一段距离。那么元语言否定的辨识到底是怎么样的模式呢？难道真的应该区分出二次解读和非二次解读的两种模式吗？是否能够有一个统一的模式来解释元语言否定辨识的过程呢？

一　非直义句的两种解读模式

荷恩（Horn）和卡斯顿（Carston）关于元语言否定解读的看法其实反映了非直义句辨识的两种模式，因此，在提出元语言否定的解读模式之前，先来了解一下一般的非直义句辨识的这两种模式。

（一）标准语用模式（经典模式或二次解读模式）

格莱斯（Grice）(1975）和瑟尔（Searle）（1979）提出了标准语用模式。这种模式认为：非直义句（non-literal language）也称比喻性句子（figurative language）是一种不同于直义句的特殊的语言表达方式，例如隐喻、元语言否定等都属此类语言。与话语的字面意义（literal meaning）不同的意义代替字面义。根据格莱斯（Grice）的合作原则，正常的话语交际必须遵守合作原则，只有这样，发话者的交际意图才能显示给受话者。为此，交际者必须遵守四条准则：质的准则，交际者提供的信息必须真实；量的准则，交际者提供的信息必须充足但不冗余；关系准则，即所提供的信息必须相关；方式准则，所提供信息必须简明无歧义。但有时发话者为了达到特殊的交际目的，会故意违反这些准则，以便让受话者发现与识别其真正的交际意图。根据格莱斯（Grice）的观点，非直义句处理时，字面义总是首先被激活、处理，但是与语境信息明显地相抵触，由此促使受话者重新寻找适合语境的解读替代字面意义，并且识别发话者真正的意图。在这一模式中，字面编码意义的获取不受语境影响，语境只是起到最后检验的作用：如果字面意义不符合语境，就会发起新一轮的解读，而字面义则受到抑制。

尽管后来又有很多学者对标准模式进行了修正补充（Giora，1999），但是我们认为，这一模式存在着一个根本的缺陷，那就是将语言解读当作一个由底层语义解码开始，自下而上的封闭过程，上层语境信息被摒弃在处理过程之外。而一些学者（Coulson & Federmeier，2001）所作的 ERP 实验却证明语境一开始就参与话语理解。

（二）直接可及模式

非直义句解读的另一种模式是 Gibbs 等人（1980）提出的直接可及模式。和标准模式相反，这一模式突出语境在非直义句解读过程中的关键性作用。他们认为，语境能够提供足够的信息，在词语解码的初始阶段就发生作用，跟语境相匹配的意义直接被挑选出来，而字面意义等所谓不相干的意义根本就不被激活，更谈不上被获取了。在此模式中，在语境的作用之下，非字面义在语言解码初期，就已经是作为一个完整的东西而得到凸显，解读过程也因之停止，根本就没有必要再舍近求远去检索字面意义。这一模式在对隐喻、反语、熟语、歧义等的实验室研究中得到支持。研究发现，语境效果强烈时，只有适合语境的意义才被理解（Gibbs，1986）。但是这一模式显然也有它的不足。首先，它不能合理解释非直义句处理时直义的存在；其次，它不能解释不同熟悉程度的非直义句以及直义句之间理解时间上的差异；再次，直接可及模式无法解释话语理解中常见的二次解读现象。直接可及模式要求理解一步到位，要么成功要么失败，这就排除了花园幽径现象存在的可能性，而这显然不符合实际（Giora，2002）。

（三）综合评价

综上可知，标准模式和直接可及模式的差别主要在于直义是否被处理以及直义和非直义的处理顺序。前者以非直义替代直义，后者干脆摒弃了直义，两者都没有看到直义和非直义有共存的可能性。格莱斯（Grice）等的标准模式认为非直义句处理时字面义要被取代，因此不再存在（Griora，1995：241，245）。但是笔者认为字面义同歧义不同，消歧过程中受到反对的意义要被舍弃，不再存在于受话者的处理过程中，但是非直义句处理则保留两种意义，这一点已经得到实验室证明（Giora et al.，1998：97）。而另一方面许多心理语言学和认知语言学研究证明，人类认知的特点允许直义和非直义同时处理或者以不同的顺序处理。在非直义处理之前，并不要求对直义进行完全的处理，但这并不代表直义的处理是可为可不为的，直义的处理是必需的（Glucksberg，1990）。Dews & Winner（1999）的研究也表明，无论如何，总有一部分直义被处理。事实上，两个模式对于直义和非直义处理的不同看法，根源于他们不同的语境观。标准语用模式把语言理解看成是一个自下而上的封闭的过程，语言处理首先是一种语言系统内部的分析，首先获取话语的底层语义或字面意义，这一过程不接受外来信息的影响；第二阶段才是语用加工处理，受话者根据高层的语境信息去调节自己的理解，不符合语境的意义受到抑制。直接可及模式则刚好相反，把言语理解当作自上而下的过程，语境信息从一开始就参与词汇处理。当语境信息足够丰富时，与语境相符的非字面义可以直接获得，而不要经历一个处理与语境不符合的直义理解过程。前者几乎不承认语境的作用，认为语境只在处理结束时起到检验的作用，而后者则是语境至上，从一个极端走向了另一个极端；但是两者对于语境的看法其实犯了同样一个错误，就是没有看到语境的动态性，没有考虑到语境的不同可及性程度和参与作用的不同力度。如果把语境作为一个变量因素考虑进来，两个模式之间的分歧完全可以看成是不同语境调控的不同结果，这种分歧不是不可以调和的。

笔者认为上述两种模式都是可能的，关键还是在语境，语境的活跃状态，即，语境是否可及以及处于活跃状态的语境数量跟质量。其实这两种模式并非互相排斥的，只不过是不同语境下呈现出来的不同状态。正是基于这样的一种考虑，笔者希望整合前面两种模式，根据元语言否定自身特点，提出一个较具有解释力的元语言否定辨识模式。

二　元语言否定辨识模式

上述两种模式有着这样那样的差别，因而似乎各自有其适用的范围，而没有一个真正统一的解读模式，其根本原因还是研究者对于语境没有一个足够正确的认识。根据关联理论语境观，语境在非直义句解读过程中起非常重要的作用。无论是字面义还是比喻义，受话者只根据语境处理最大相关的意义。由于语境引导理解过程，当语境信息充足且支持非字面义解读时，受话者可以直接提取最相关的理解，它能以最小的处理投入获取最大的语境效果，而不必处理与语境不符的字面意义，也就是说，受话者可跨越不合语境的字面义而预先直接获取与语境相匹配的非字面义。当语境信息不足时，无法直接提取非字面义，这时候非字面义的获得就需要一个从字面义到非字面义这样一个二步加工的过程。

与前两种模式不同的是，笔者认为语境是一个极为灵活的概念，是一个有弹性的东西，并非固定不变的。语境的参与程度，语境的可及程度，语境的性质和作用的力度都对语言理解构成影响。但是要成为一个实际可操作的模式，光有上面的认识是远远不够的。这些问题必须面对：语境可以分为哪几类，是否可及，语境的力度如何评估等等。所以要建立一个有较强解释力的元语言否定的辨识标准，必须要以语境分类和语境力度的评估为基础，因为不同的语境对于元语言否定的解读有着不同的作用，可能导致不同的解读过程。

元语言否定的存在要以一个元语言否定语境的存在为前提。先行话语和发话者期待（认知假设，包括元语言意识，即对语音、语法形态等语言自身的期待）之间存在着的张力是产生元语言否定的语境诱因；而元语言否定命题内容与一项或多项语境信息之间存在某种程度的冲突则是辨识元语言否定的关键。并且受话者觉察到的这种张力越强、存在的不相容越多，就越容易辨识出发话者的元语言否定意图。因此为了处理好元语言否定相关的几个语境资源和这些语境资源的参与作用的力度，有必要对语境进行分类和评估。而跟元语言否定相关的语境因素笔者认为有如下几类，这些语境资源能够确保元语言否定话语得到成功解读。

（一）语境分类

语境分类可以说是一个比较复杂的问题。Sperber & Wilson（1995：

39) 以及何自然（1998：126）把语境信息分为三大类，即百科信息、词语信息和逻辑信息。熊学亮（1996a：1）分为情景知识、语言上下文和背景知识。在整合了前人观点的基础上，根据手头收集到的元语言否定的语料，笔者对元语言否定相关语境作了以下分类：

1. 百科信息

人们在大脑中储存着的概念表征、常识和因果关系等（通过框架、图式或脚本等得到组织）。这些构成认知假设，新的信息以此为背景得到处理。这种语境资源对于元语言否定的解读至关重要，决定性语境一般都是这些语境信息。许多元语言否定话语不过是与众所周知的百科信息相矛盾。例如：

（192）A：外面下雨了打把伞/shǎn/。
B：下雨天我不打伞/shǎn/，我打伞/sǎn/。

下雨天要打伞这是个常识，而否定句的命题内容"下雨天不打伞"很显然有违事实，这种与事实的冲突在一定程度上会提醒受话者做出元语言否定解读。

2. 互相明示的物理语境

当交际双方互相交谈时，他们周围的物理语境在某一阶段对于交际双方互相显明。这一语境资源是交际者交际过程中可用语境资源的一部分，通过被交际者感知而进入交际者认知语境。这一语境资源对于构建交际者对现实的认知假设以及辨识元语言否定的回声性质具有重要的作用。反事实可能是指向元语言否定解读的最为有力的语境指示了。与事实偏差越大，元语言否定解读的可能性也就越大。例如：

（193）现在网络上流行的新词汇"哥吃的不是面，是寂寞。" 2009年7月初，在百度贴吧里突然有人发了一张一名非主流男子在网吧熬通宵吃面条的图片，图片配文"哥吃的不是面，是寂寞"。没多久，便有网友相继模仿此句式——"哥上的不是班，是寂寞"、"哥读的不是书，是寂寞"。其中不乏用得非常经典到位的：在2009年7月刊的《最小说》上，郭敬明"晒"出了好几件自己的奢侈品牌小物件。有网友评价说："他秀的不是奢侈品，是寂寞。"

显然这里"哥吃的不是面条"和"他秀的不是奢侈品"与交际时的物理语境相矛盾,"哥"吃的明明就是"面条","他"秀的明明就是"奢侈品"。这种与当时事实的明显冲突的使得受话者很容易就能做出元语言否定的判断。

3. 发话者的非语言行为

人们的非语言交际通过感知机制成为受话者可及的语境信息的一部分,是正确辨识元语言否定的重要语境资源。交际学研究者发现在很大程度上信息是通过非言语行为来传播的,对非语言信息的提取能直接影响交际效果(张凤娟,2007)。非言语行为能够取代话语,更加准确地传递信息,表达情感;对话语意义具有肯定或否定的决定作用;对话语效果还有加强或减弱的修饰作用(曹合建,1993),因此交际者往往依赖非言语行为来推断对方的真实意图。与元语言否定较为相关的非言语行为包括肢体动作、面部表情和副语言。肢体动作如手势、用手指示、耸肩等;面部表情包括笑、皱眉、挤眉弄眼、嘲弄的表情、轻蔑的神情、面无表情、做鬼脸等可视因素;副语言有声调、语调、韵律特征等语音因素。元语言否定常常伴有这样一些语音特征:特殊的音高、对比重音、尾音上扬、鼻腔音、语速放慢、拖音等等。受话者可以从发话者反常的非言语行为来判断要做元语言否定解读。例如:

(194)她一字一顿地说:我－不－是－周－国－平－的－女－儿,周国平是我爸爸。

(http://live.video.sina.com.cn/play/baby/yuyue/1328.html)

如果"我不是周国平的女儿"用作描述性否定来表达其命题内容,也就是说发话者要否认"我是他女儿"的话,根本用不着"一字一顿地说",显然这种反常的非言语行为加强了元语言否定解读的趋势。

(195)这一吵吵得店主来了,肉里另有两条蛆也闻声探头出现。……店主取出嘴里的旱烟筒,劝告道:"这不是'虫'——,没有关系的,这叫'肉芽'——'肉'——'芽'。"(钱钟书《围城》)

这里放缓语速，拖音放在这里显然比较突兀，解读者肯定会觉得这句话有什么不同寻常的地方。

(196)°oFLYo『冷笑』YX 果然不是一般两般地讨人厌……看吧，YX 果然不是一般两般地讨人厌，没看过网王的人都会讨厌她。

我常常在我同学面前提起 YX，终于有一日咱从咱的"反龙樱图库"中调出了 YX 的图片，她惊呼一声："太丑了吧！我跟你一起反！"

又有一日，我跟我姐聊起 YX 的性格："恶心，做作，动不动就脸红……"姐姐灰常坚定地说："反，我支持你。"

看吧，YX 果然不是讨厌，而是灰常地讨厌。没看过网王的人都会讨厌她

(2010 - 3 - 28 16：51；回复… *tieba. baidu. com/f？kz = 737377232 -*)

一般情况下说某人不讨厌，肯定不会"冷笑"，很显然，这里的"冷笑"事出有因。

4. 受话者所了解的发话者的情况如脾性、好恶、习惯、信念和观点等

(197) 而大雨花花呢，对我生下喜羊羊这件事的评价是："我觉得这事不能怪毛毛雨。毕竟这是你自己做出的决定。"大雨花花还说我把毛毛雨想的太坏了。如果当初我能认真地坐下来跟他商量一下喜羊羊的事，他不一定会不认账。大雨花花说："你们女人总是把男人想的太坏了。再怎么说他是喜羊羊的爸爸。""他不是喜羊羊的爸爸，是喜羊羊的生物学缔造者。"我常常这样纠正他。（冰木瓜《不婚时代》）

"我"和"毛毛雨"生下"喜羊羊"。大雨花花知道这件事情。因此"毛毛雨不是喜羊羊的爸爸"显然和大雨花花所了解的"我"的情况不符，这促使"大雨花花"作出元语言否定的解读。

另外，如果我们知道某人交谈时爱挑刺、抬杠，喜欢用元语言否定话

语，那么这样一个信息就会让我们在跟此人交谈时保持警觉以察觉此人是否在用元语言否定话语。事实上，因为元语言否定的语料比较难找，所以笔者在找语料时，有针对性地在王朔、钱钟书等人的作品中查找。因为他们的作品都以描写说话古怪刁钻、幽默俏皮的人物见长，而这类人使用元语言否定的概率比较高。而事实也确实如此，笔者在王朔等小说里找到不少元语言否定句子。这从某种程度上证明了对发话者的了解有助于受话者作出元语言否定解读。

由于否定句和修正句之间存在着矛盾，对发话者的了解还有助于判断到底是发话者说话有误从而导致前后矛盾，还是发话者另有深意。例如，阿拉伯语句法错位的情况，在没有后续修正句的情况下，如果受话者知道发话者是个以阿拉伯语为母语的人，那么受话者就会做出元语言否定的判断；如果受话者知道发话者对阿拉伯语不是很熟悉，只是一知半解，那么受话者就有可能会判断发话者犯了语法错误而非元语言否定。

5. 互有知识

在每次交谈中，都会有交谈双方都认为他们共享的信息，这种信息在交谈中往往是隐性的或者说心照不宣的。即便是在交谈还未开始时，双方就可以断定这种信息是双方共享的。这一点和上面的（1）和（2）有重合的地方，这里单列了一类，是为了突出互有知识这一点，因为这一点很重要，元语言否定的辨识需要高阶心理能力，可以使元语言否定和撒谎、说错话区分开来。否定话语的命题内容必须和共享的信息矛盾，受话者才能做出元语言否定的假设。因为如果不是双方互有信息，很可能是另外的情况。

例如（197）这个例子。如果"毛毛雨是喜羊羊的爸爸"这件事情只有"我"知道，而"大雨花花"不知道，并且"我"知道"大雨花花"不知道，那么这就不是共享的信息，此时"我"要是说了"毛毛雨不是喜羊羊的爸爸"，"我"就是在撒谎，而非元语言否定；如果"毛毛雨是喜羊羊的爸爸"这件事情"我"和"大雨花花"都不知道，那么"我"要是说了"毛毛雨不是喜羊羊的爸爸"，"我"就是弄错了，同样也非元语言否定。

6. 先行话语

尽管对先行话语的否定不一定都是元语言否定，例如：

(198) A：张三喜欢李四。

B：张三不喜欢李四，他喜欢王五。

并且元语言否定也并不一定都是针对某一先行话语的，正如笔者前面讨论过的元语言否定可以针对大家普遍认可的某种想法，或者想象中的某人说的话，例如：

(199) 何蒙：对作弊的纵容是"害"不是"爱"。(www.xslwk.com/? mod = news&code = view&id = 5811)

这里元语言否定并非针对某一先行话语，这里的回声来源是一部分人的错误观点。

但是先行话语的存在无疑有助于辨识回声来源，因而有助于元语言否定的辨识。因为先行话语，在受话者看来本是无可置疑的，在当前语境中是合适的。但发话者却在否定话语里故意将这一被认为是无可置疑的内容加以否定，使得否定话语出人意料，引起受话者对话语的注意，让人觉得这里面肯定有古怪。这种异常就会促使受话者继续寻找关联，加快元语言否定的辨识。很多元语言否定话语，在真实自然的语境中都是有先行话语的。

7. 修正句

修正句与元语言否定句命题内容产生矛盾，这是指向元语言否定解读的有力线索。修正句的主要作用在于辨识元语言否定和确定元语言否定的意义。元语言否定的辨识并不是完全依赖修正句，如果其他语境信息充足的话，元语言否定的辨识不需要修正句，但是元语言否定意义的确认要由修正句来完成。只有在和修正句的对比中，我们才能明白，否定的究竟是哪一层的内容。之所以很多研究者认为，元语言否定离不开修正句，那是因为，研究论文里面的例子都是剥离了真实语境的句子，当缺乏语境支持时，当然只好靠修正句来完成对元语言否定的辨识了。这个时候后续修正句补充了语境信息。如例 (200)：

(200) A：学什么不好，非要学周小南他们双份工资不生仔。

B：那可不是什么双份工资不生仔，那是丁克。

修正句提供信息的可及程度和它的位置有关。百科信息和当前语境信息是先于否定句而存在，是较可及的，而修正句，如果发话者不提供的话，则不可及；如果发话者先于否定句提供，则比百科信息和当前语境信息凸显度更高，因为前者还要从记忆库中搜寻提取，而后者作为言语刺激，为受话者感知和处理，本身就是处于激活状态的；如果后于否定句提供，也是可及的，但因为延迟提供势必会影响到处理的过程。

8. 语言指示词

语言指示词指一些不同于一般的否定句的词汇、结构等，通常能够提示含有这些语言指示词的话语具有非字面的元语言性质。虽然许多指示词并非元语言否定独有，它们如果和其他更为凸显的语境资源结合的话，能够起到帮助受话者辨识元语言否定的作用。例如，韩语中的"长式否定"，汉语中的"不是"。阿拉伯语就更明显了，因为它采用了对于描述性否定来说是错误的形式，这种错位法是非常醒目的。

（二）语境力度

如果上述一项、多项甚至全部语境资源对于受话者来说是可及的，就能帮助他们理解元语言否定意义。但是这些语境资源提供的信息支持力度不尽相同。如果这些语境资源提供的信息支持力度足够大的话（要依受话者处理能力和他通达语境信息的能力而定），那么就不难获得话语的元语言解读。如果可及的语境资源与否定句的命题内容之间的冲突数量不够甚至没有的话，可能会产生误解。在任何发话者意欲传递的元语言否定的对话情境中，会存在着一个语境资源，其信息是极易通达的（也就是说，对受话者来说在对话过程中是极为显明的），至少要比其他语境资源更为可及，并且它与元语言否定话语命题内容之间的不匹配足以使受话者识别发话者反对的不是正常外延，也就是说当受话者觉察到话语表达的命题信息和这一个单独的语境资源之间存在某种不匹配，而这种不匹配足以使得受话者发现发话者的元语言否定意图，从而得到正确的元语言否定解读。这种语境参与解读的力度比较大，对元语言否定解读起决定性作用，因此，这一个单独的语境资源笔者称为决定性语境资源。而另外还有一个或几个语境资源，它们尽管不像前面的决定性语境那样起支配作用，但是这类语境能够增强信息支持，加强这种元语言否定解读的倾向，从而加快受话者对发话者意图的觉察，加速元语言否定话语的辨识。相较于前面的决定性语境，这样的语境资源参与解读的作用力不那么强，笔者称为协助性语境资源。上述从（1）到（8）中，哪一个语境资源能够成为决定性语境资源还要看言语环境特征、话语本身的特征和受话者推理能力及认知资源等。

（三）语境调控下的元语言否定辨识模式

根据笔者前面对元语言否定本质特征的研究，要辨识元语言否定，必须要辨识出元语言否定的回声性特征以及发话者的意图：反对回声延迟明示的内容中除正常外延之外的内容。元语言否定话语背后的发话者意图的辨识要依赖于受话者能察觉到的否定话语的命题内容同语境资源之间存在的冲突以及这种冲突的数量和质量。也就是说，元语言否定是否定回声话语所表达的命题内容之外的东西。当否定句所表达的命题内容和语境信息不匹配有冲突时，就会迫使我们作出元语言否定解读的选择。因此对这种冲突的察觉是辨识元语言否定的关键。人类固有的认知能力能够同时关注不同语境资源提供的信息，语境信息激活越多，发话者意识到越多不匹配，元语言否定的辨识就越快。从关联理论的角度来看，上述几类语境中的一项或多项语境信息与元语言否定字面意义之间的某种冲突，暗示了说者对回声来源中除外延的某一方面所持的贬抑态度。因此，如果受话者能够察觉到更多此类冲突的话，他在识别发话者意图过程中所消耗的处理努力相对来说就越少，元语言否定话语跟语境之间就越是相关，元语言否定的辨识就越容易。元语言否定理解的辨识模式也正是建立于这一假设。例如：

（201）晓枫室友：昨晚停电，晓枫秉烛夜战，写了一晚上。

晓枫：（白了室友一眼）少给我文绉绉的，不过点了支蜡烛，不是什么"秉烛夜战"。

在该例中，"少给我文绉绉的"直接就交代了发话者的意图，这是决定性的语境信息，而晓枫昨晚点蜡烛写文章这一事实语境信息和话语"不过点了支蜡烛"与否定话语存在明显的不相容性，也足以触发对晓枫所言的元语言否定理解。此外，该例中同时激活的其他协助性语境信息，如说者的非言语行为"白了一眼"、语言线索引述标记"什么"（黄喜宏，2008；周蓉，2007）和焦点标记"是"，都能够帮助受话者更容易识别发话者真正的意图。

上述语境作为潜在的语境资源，都可能被激活利用，用于元语言否定的解读。而言语情景的性质、话语本身、受话者的推理能力和认知资源决定了究竟哪一类语境资源能够成为最为可及的决定性语境信息。但是语境不是一个恒常的东西，一般来说，上述所列大多数语境都会随着言语事件发生场景的不同而变化。不同的言语事件其语境（包括物理环境、说话人的背景知识等）都是不同的，因而，在确定元语言否定意义时的作用也是不同的。例如，语境信息充足的情况下，元语言否定意义可能直接就能获得；而语境信息相对较少的情况下元语言否定意义的获取可能会有一个逐步的加工过程。因此，是元语言否定直接获得还是字面描述性否定首先激活，还是二者同时进行，这不是固定不变的，要视语境的可及程度和语境的力度而定。在语境控制下的元语言否定辨识呈现出不同的难易程度，元语言否定辨识存在三种典型情况：

（1）元语言否定易于辨识的情况：决定性语境极易通达，并且多项协助性语境信息同时激活，受话者较容易就能察觉语境信息与否定句命题间的不匹配性，因此付出较少的认知努力便可明白发话者意图，理解元语言否定涵义。

（2）元语言否定较难辨识：当我们前面介绍的元语言否定语境信息没有被激活或只有很少量被激活，或者所激活的信息不是决定性语境信息，作用力度不够的时候，元语言否定的识别就会减慢。典型情况就是 Horn 所说的二次解读。元语言否定的二次解读会耗费更多的认知努力，但是从关联理论的角度来看，这些认知努力的付出会得到更大的语境效果作为回报。有时候发话者会故意减少元语言否定语境信息，以增加处理难度，从而得到更大的语境效果，以实现其交际或者说修辞目的，如讽刺、幽默、一惊一乍等等。

（3）受话者无法识别发话者元语言否定意图导致解读失败：当语境信息严重缺乏，以至于连必要的语境支持都没有时，受话者无法识别发话者话语的元语言否定意图。元语言否定话语解读到字面意义时，就因为缺乏语境支持，而被误认为相关联的解读结果输出，最后得到的自然不是发话者所意谓的解读。

（四）元语言否定字面意义的处理

从我们的元语言否定的模式来看，一开始提出的那两种模式都是有可能的，关键是看受话者大脑中语境信息的活跃程度是否达到了最佳状态，即决定性语境信息是否是最佳可及状态以及受话者同时探察到多少语境信息与话语命题之间的不相容性。因此，否定话语字面义在选择和处理元语言否定意义的过程中扮演两种角色，一种是被忽略，另一种是成为待选命题。

当受话者觉察到的语境信息足以使元语言否定意义最佳相关时，受话者不会把元语言否定话语的字面义解读成为说者意谓的意义，这时的否定话语的字面义（描述性否定）就是被忽略不计的命题。

互明的语境信息不充足，受话者无法获取最佳相关的元语言否定解读时，就会考虑话语的字面义是否就是说者的意图。这时的否定话语字面意义充当待选命题。

这一区分对于元语言否定解读非常重要，也符合关联理论的话语解读观点：当缺乏足够的语境支持时，受话者无法识别语境信息与命题内容间的不相容性。在指称确定、消歧等过程之后获得话语表达的命题，并假定该命题就是发话者意欲表达的意义。这是典型情况三，待选命题成为输出结果；另一方面，当语境支持足够强时，受话者会跳过话语字面意义假设，很容易就能识别元语言否定话语的回声性以及发话者对命题内容之外的内容的否定态度。这便是典型情况一，发话者忽略字面义直接到达元语言否定意义。那么，典型情况二又该如何来解释呢？由一项或多项同时激活的语境所提供的可及程度较低的信息使得受话者无法识别话语命题与语境信息之间的不匹配，因而这种情况无法直接突出说者对元语言否定话语所持的贬抑态度。倘若最终受话者凭借这种弱语境支持能获得元语言否定理解，那么字面义就会被忽略，否则就会成为待选的命题。但无论哪种情况，受话者都会意识到话语既存在字面意义也存在非字面意义。所以，笔者认为获得隐含的元语言否定意义所付出的额外的认知努力会由于同时激活的语境信息而减少，因此在某些情况中，信息支持甚至会导致对描述性否定和对元语言否定意义付出的处理努力相同，这就是第二种情况。

（五）案例分析

1. 极易解读的案例

上述例（201）就是一个极易解读的例子。因为发话者在否定话语说出来之前，直接就已经说明了他的意图"少给我文绉绉的"。另外还有事实语境"晓枫确实点蜡烛写文章"、非言语行为语境"白了室友一眼"；语言指示词，如焦点标记"是"，引述标记"什么"等更加加速了元语言否定解读。我们再来分析一下为（202）—（204）是易于解读的。

(202) a. 这里是实打实的热，不是暖和。
b. 明天一定会下雨，不是可能下雨。

这两个例子中，原本接在否定句之后的修正句提到了前面。修正句所提供的信息（与否定话语的命题内容相矛盾的信息，也是元语言否定解读的决定性语境信息）与事实语境信息等值，但是比事实语境信息更可及。因为发话者提供修正句是一种明示行为，作为一种言语刺激，只要受话者接收这一信息就行了。如果受话者接收到了这一信息，并且进行处理的话，那么这一信息在受话者的大脑中就已经是处于激活状态了；而事实语境信息尽管和修正句信息等值，但事实语境信息是受话者在处理否定话语时为了获得关联而主动去搜索得到的。相比之下，修正句信息是"不劳而获，送上门来"的，而事实语境信息是"自己动手丰衣足食"，主动找来的，自然后者所花的认知努力要更多一些。并且，如果是修正句，因为是出自发话者之口，是发话者的信念，因此修正句是两者共享信息，而事实语境信息不一定能为两者共享。因此，在寻找相关联的事实语境信息时，受话者还得判断这是不是共有信息，也就是说受话者还要判断发话者知不知道这一信息，只有是共有信息才能成为元语言否定相关联的信息，这势必也会增加处理事实语境信息的难度。所以放在否定句之前的修正句，其力度是非常强的。

(203) a. 我不是"周国平的女儿"；周国平是我爸爸。
b. You didn't see two "mongeese"; you saw two mongooses.

元语言否定的本质特征就是回声性，引号的使用显示了其回声性。

(204)（A 和 B 一直就"mongoose"的复数形式争论不休，A 认为是"mongeese"，而 B 则认定是"mongooses"）
A：We saw two mongeese at the zoo.
B：Now, come on, you didn't see two monGEESE.

关于复数的争论还存在于短期记忆中,还处于活跃状态,而 B 的意图就是要指出 A 使用的复数形式存在问题,这一个例子容易解读是因为语境信息还处于高度激活状态,因此是非常可及的。

2. 元语言否定较难辨识的案例

有时候语境信息不充足时,或者说语境支持力度较弱时,受话者必须付出更多的认知努力才能得到发话者意欲传达的元语言否定解读。很多时候都是发话者故意不提供充分的语境信息,引起二次解读,以较多的认知努力来取得较大的语境效果。因此这类情况经常出现在需要特殊效果的语篇类型中:如笑话、小品、相声、脑筋急转弯等。我们先看一下这个例子。

(205)一则笑话:在餐厅里顾客对服务员说:"这碗汤我不能喝。"服务员换上一碗汤,顾客仍然说"这碗汤我不能喝",于是又换上一碗汤,仍然说不能喝。问:"为什么不能喝?"答:"因为没有勺。"[沈家煊(1993)用例]

顾客说"这碗汤我不能喝"实际上否定的是预设"有勺子喝汤"。而服务员显然迟迟没有解读出这层意思来,导致解读失败,一次次换汤。直到最后顾客自己"公布答案"才谜底揭晓,造成"笑果"。餐厅是要为客人提供服务的,当然包括给客人提供喝汤的勺子,客人喝汤不给勺子的情况一般总是少见的。因此,导向元语言否定解读的决定性语境信息"顾客没有喝汤的勺子"对服务员来说是不可及的。这里也没有其他协助性语境信息(如顾客不同寻常的语气或者面部表情,或者是其他语言指示词等)的帮助,服务员无法察觉"这碗汤我不能喝"的命题内容与当前语境的矛盾,就把"这碗汤我不能喝"的命题内容(这碗汤不合口味、质量不过关等等,顾客拒绝喝这碗汤)当成与当前语境相关联的解读结果,于是一次次换汤,而实际上顾客针对的不是汤本身,是喝汤的前提条件"有勺子"。

很多脑筋急转弯都是玩的这类把戏,利用元语言否定解读时的困难来卖关子。所谓脑筋急转弯肯定都是要让猜的人费一番功夫才能猜中答案,要不然就没有意思了,这显然是属于典型的解读困难的元语言否定句类型。我们看一下下面这个例子:

(206) 一辆客车发生了事故,所有的人都受伤了,小明却没受伤,这是怎么回事。

答案:因为他不在车上。

显然,出题目的人说的"小明没有受伤"实际上是在否定其预设"小明在车上",他故意把前提隐去。答题的人必须要付出更多的认知努力才能找到答案。

相声中的抖包袱、卖关子也可以利用元语言否定二次解读造成的一惊一乍的效果。

(207) 甲:你对我是半信半疑。

乙:我可不是半信半疑,我是完全怀疑。(相声《歌与舞》)

相声演员故意卖关子,在说了前半句否定句后,故意停顿了一下,更加强了这种效果。

3. 元语言否定无法辨识的案例

当激活的一个或多个语境资源提供的明示信息不足时,语境信息和元语言否定话语所表达命题内容之间的冲突无法识别,从而导致无法识别发话者的元语言否定意图,最终导致解读失败。

通过元语言否定话语,发话者希望用明示的方式来引起发话者注意,从而激活语境假设。但是,交际者作为独一无二的个体,其认知语境也是独一无二的。在两个不同的交际者之间,一方面,其认知语境中信息的质和量存在差异;另一方面,其认知能力也是不尽相同的,觉察能力和推理能力也是因人而异的。对于同样的事物,人们可能会构建不同的表征,做出不同的推论。人们的记忆不同,经验不同,因此,即使他们共处一个物理语境,其认知语境也还是不同的。正如 Sperber & Wilson(1986:16)所言,"发话者和受话者内在的认知语境的不匹配,可能会导致误解"。受话者为了寻找关联会不断从认知语境中提取新信息,但是由于没有合适的语境支持,自然会导致非元语言否定解读,而发话者的意图也就无法识别出来了。我们来看一下下面这个案例:①

---

① 网址 https://zhidao.baidu.com/question/4082887.html?

第六章　元语言否定的解读　　137

(208) 网页的截图：①

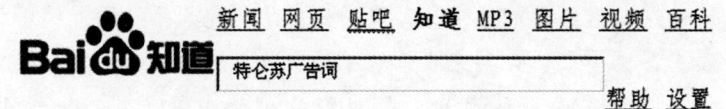

> 百度首页 | 百度知道 | 登录
> 新闻　网页　贴吧　知道　MP3　图片　视频　百科
> Baidu知道　[特仑苏广告词]
> 帮助　设置
>
> 搜索答案

百度知道 > 文化/艺术 > 文学 > 小说

添加到搜藏

已解决

"特仑苏"的电视广告词是什么意思？

悬赏分：0 - 解决时间：2006-3-6 17：42

　　央视《新闻频道》几乎每天都会播一个广告，如下：
"是牛奶吗？"
"不，是特仑苏……"
从这里可以理解"特仑苏"不是牛奶。
　　但广告词后半句又说："不是所有牛奶都叫特仑苏！"从这半句可以看出特仑苏就是

牛奶呀？
　　我想一个国家的电视台，应该不会犯这种低级的错误吧！我的文化水平也的确不高，

　　对这个广告词一直听不懂是怎么回事，请大家帮我分析一下！
问题补充：

---

① 百度功能里面有一个提问的功能"百度知道"，类似论坛，你可以输入想要提出的问题，然后网络上会有其他人参与进来，提供答案。提供答案的都是一般人，并不一定是专家，所以答案的可信度要由提问者自己把握。

我想请大伙从语法或逻辑或数学集合或常识或文学或哲学的角度来分析这一句话,不是问大家什么叫"特仑苏"!我的一个读小学的表弟就被这句话给弄糊涂了,可能是我们的文化水平有限。请哪位博士、硕士、文学家、数学家或哲学家帮我分析一下。

如果按此广告里的逻辑,那我们的生活中是不是会出现以下对话:

A:"你是人吗?"

B:"不,我是男人!""不是所有人都是男人!"

提问者:likun_ sz - 职场新人 三级

最佳答案

兄弟

我很欣赏你的眼光啊

连这个你都关注了啊

呵呵

从语法上说他是犯了自相矛盾的错误啊!

5

回答者:srtyongbao2006 - 试用期 二级 2006-2-26 16:11

我来评论 >>

提问者对于答案的评价:

我也认为在语法上是存在错误的

相关内容

电视上经常有广告词"上不了一本,就读双N"请问"双N"是什么意思?那是一个怎样的学校? 1 2007-5-27

如意牌电视机广告词:家家如意,人人称心的意思 113 2007-10-21

2006世界杯电视节目广告词是什么 1 2007-5-6

最近在电视上播放的金六福的广告词是什么? 3 2008-2-1

阿瑞纳斯"0号"的广告电视上播的中文广告词是什么 2007-3-30

更多关于特仑苏广告词的问题 >>

查看同主题问题:电视 广告词 特仑苏

其他回答 共 4 条

厂家玩文字游戏，最后把自己绕糊涂了。

      回答者：残月栖鸦 - 秀才 三级　2006 - 2 - 21 16：13

这似乎又牵扯到了那个哲学问题："白马非马"～～呵

    回答者：06 顺利平安 - 高级魔法师 五级　2006 - 2 - 21 16：17

(http：//zhidao.baidu.com/question/4082887.html)

这段网络对话是关于央视的特仑苏牛奶广告的。先来描述一下这则广告：

  黑色画面中间自下而上飞溅出一股乳白色的液体。

  画面切换，出现一张男士的脸，在品尝什么，表情略带惊讶。画面上出现"牛奶?"字样。

  画面切换，出现乳白色液体。液体飞溅起来，表面泛起涟漪。响起蒙古族音乐。

  画面切换，白色液体形成一个圈，绕着男士转动，男士伸手触摸白色液体。男士转身微笑。女声画外音：是牛奶吗?

  画面切换，出现男士的脸，微笑，说："不。是特仑苏。"白色液体珠子飞溅。

  画面切换，出现"不是所有牛奶都叫特仑苏"字样，伴有男声画外音："不是所有牛奶都叫特仑苏"。

  画面切换，出现"天然蛋白3.3，来自乳都核心区，金牌牛奶特仑苏"字样，并伴有男声画外音"来自乳都核心区，金牌牛奶特仑苏"。

  画面切换，男士微笑着喝盒装牛奶样饮料。

  画面切换，出现蒙牛标志及字样"特仑苏牛奶，蒙牛荣誉出品"，并伴男声画外音"蒙牛荣誉出品"。

  (特仑苏广告)

  特仑苏广告"这不是牛奶，是特仑苏"是一个典型的元语言否定。元语言否定句"这不是牛奶"否定的并非其真值条件内容，而是由"适量原则"推导出来的"会话含义"。根据 Grice 的量原则，说话者必须提供他所知道的足够的信息量，如果他看到的东西是特仑苏牛奶，那么他就应该提供适量的信息"这是特仑苏"①，而不是"这是牛奶"。因为，对于＜特仑苏，牛奶＞这样一个信息由强到弱的级差而言，如果把这个东西称作"牛奶"隐含着"这个东西不是特仑苏"。因此，这则广告里面，否定的并非这个白色液体是牛奶的真值条件内容，并不是说这东西不是牛奶，是别的果汁、矿泉水之类的东西，而是否定把这个东西称作"牛奶"的级差含义"这个东西不是特仑苏"。所以"这不是牛奶，是特仑苏"只有从元语言否定的层面上才能读得通。显然提问者没有理解这个广告的意图：正像这个广告最后说的，不是所有牛奶都是特仑苏，为的就是要凸显特仑苏在牛奶中的不一般的地位。

但是从提问者的提问以及其他人的反馈中来看，很多人显然没有看懂，不少人认为这个广告有"语法错误"、"自相矛盾"，至少没有全部看懂这个广告，这是一个典型的元语言否定解读失败的例子。为什么会解读失败？

1. 事实信息（可及但是被弱化了）

从否定句"这不是牛奶"的命题内容来看，在此情境中显然是不匹配的，因为无论从画面出现的牛奶也好，还是这则广告后面的广告词"不是所有牛奶都叫特仑苏，来自乳都核心区，金牌牛奶特仑苏"以及这则广告的发出者蒙牛乳业，所有信息都显示这个东西确实是牛奶。显然这个否定句与事实信息相矛盾。这原本可以成为指向元语言否定解读的决定性语境信息，但是这一事实语境信息与否定话语之间的冲突性被弱化了。原因就是："特仑苏"是个蒙语，对于大多数汉语观众来说，他们并不清楚"特仑苏"在蒙语里的真正含义是"好牛奶"的意思（在蒙语里"特伦"是"首"，"最优秀"之意，"苏"在蒙语中是"奶"的意思。合起来是"最好的奶"之意）。这一点从观众反馈中可以看出来，因为有人在提问：特仑苏究竟是什么？是牛奶吗？证明他对广告中出现的那个乳白色液体是不是牛奶不是很确定，所以说事实信息被弱化了。

如果这个广告换成：

---

① 特仑苏是个蒙语，对于懂蒙语的人来说，在此语境中"特仑苏"是适量的信息，而对于不懂蒙语的人来说"特仑苏"并非适量信息，"特仑苏牛奶"才是适量信息。关于这一点，下文还会展开论述。

A：是牛奶吗？
　　B：不是牛奶，是最好的牛奶（或者"是特仑苏牛奶"）。

　　相信不会引起那么多误解。因为"是最好的牛奶"可以强化事实信息，并且"不是牛奶"和"是牛奶"两者之间的逻辑矛盾非常明显。
　　而实际的这则广告，用蒙语"特仑苏"来表征最好的牛奶，"不是牛奶"和"是牛奶"之间的逻辑矛盾没那么突出，这种可以诱发元语言否定解读的语境信息被隐藏了，弱化了。由此可见，尽管否定话语和现实信息之间存在着不协调，但这种不协调被弱化了，因而可及性不高。
　　2. 相互明示的物理环境（不可及）
　　因为广告商通过广告与观众之间的交流并非面对面直接的交流，因此不存在一个互明的物理环境。
　　3. 非言语行为（不可及）
　　广告里的角色在说出否定话语时没有用到什么特殊的语音、语调，其语气跟正常的否认一个事实没什么两样，并且表情也非常自然。这很容易误导处理者将否定话语判断为一般性否定。
　　4. 受话者对发话者的了解（不可及）
　　这个广告设计者的个人背景也是观众们考虑的对象，观众们会推断广告设计者应该是个精明的生意人，不是弱智，也不是小学生，不会傻到犯这种前后矛盾的低级错误。据此，观众可以推断广告者是故意这么说的，其理由就是突出这种牛奶的品质是最好的。但是观众自身的觉察、推理能力也会影响到这一语境信息能否得到激活，很明显，在这个案例中，由于观众自身的因素（譬如还有小学生在内），这一信息没有得到激活。
　　正如卡斯顿（Carston）（1988：168）所言"我们不会无止境地处理一个新信息……在发现可能得不到语境补偿时，我们就会停止付出认知努力，不再继续处理"。在元语言否定解读失败的案例中，其解读过程其实与前面的情况一样，只不过此例中，处理者在得到元语言否定话语的字面意义时就认为已经足够相关而停止处理了。观众们把这个广告表面上的逻辑矛盾归咎于广告商，得出广告商犯了逻辑错误这样一个结论，这时观众就停止处理了。而广告商的背景信息，如广告商很精明，不会傻到犯逻辑错误这一点显然没有被激活，没有参与处理过程。因为如果观众意识到广告商不是那么傻，不可能犯这么低级的错误，那么他还会继续处理下去，寻求更合理的处理结果。如果知道广告故弄玄虚，这个广告就算达到目的了，问题是很多人不知道故弄玄虚，以为是广告设计者犯了逻辑错误。显然是观众自己对广告商认识不足。

5. 互有知识（不可及）

观众是真实存在，而广告角色只是存在于广告片段中的一个虚拟人物，谈不上相互了解，观众与广告商之间也不存在具备互有知识的条件。

6. 先行话语（可及但是较弱）

话语"是牛奶吗？"并非断言，与否定句表达命题内容之间的冲突并不强烈，因而可及性较弱。

7. 语言指示词（不可及）

虽然笔者前面谈到"是"作为焦点标记是元语言否定常常采用的形式，可以起到提示作用，但是这里的"是"不是充当焦点标记，而是一个系动词。所以语言指示词不存在。

8. 修正句（不可及）

修正句"是特仑苏"正如笔者前面注释中所说。蒙语"特仑苏"对于大多数非蒙语背景的受众来说是不熟悉的，因此不可及。

从以上分析我们可以看出，与元语言否定解读相关的8类语境信息只有2项可及，并且可及性程度较弱，不是处于最佳可及状态，因此受众察觉到的和否定句命题内容冲突的语境信息较弱，这最终导致了很多人不理解这句话，看不懂这则广告。

第二节　元语言否定具体涵义的确定

一　过程语义与元语言否定的认知图式

元语言否定辨识出来以后，其具体意义，还必须通过否定句和修正句的对比来确定。① 这是因为元语言否定只有过程语义，也就是说它的意义必须要在其处理过程中体现出来。元语言否定的过程意义就是在处理过程中发出指令，提醒受话者先行话语是有问题的，但是问题具体出在哪里，必须通过修正句才能呈现出来。这一处理过程我们将用关联理论的框架来

---

① 也可能从语境中获得，就如我们前面所列举的没有修正句的情况，但大多数情况下都是通过修正句获得。

解释,并给出一个确定元语言否定具体涵义的图式。

发话者的意图是通过话语来改变或调整受话者认知语境,即他们（潜在的）对世界的信念（Sperber & Wilson, 1986/1995）。认知语境由认知假设逻辑形式的集合构成,并且与一定的确信度相关。新信息对已有认知假设产生影响,通过取消或增加逻辑形式或改变确信度能够调整认知语境,达到一定语境效果。新信息对认知假设的影响有三种形式:与语境结合产生语境含义;加强原有假设;与已有假设矛盾取消已有假设。

新旧信息由大脑中央系统调节,中央系统就像电脑处理器,其作用是将来自于视觉、听觉、触觉及其他输入系统的新的逻辑形式与认知语境中早已存在的逻辑形式相比较。其目标是用最可信的认知假设的逻辑形式来补充认知语境,通过这样一种方式来对认知语境作出调整,同时要防止认知语境中出现两个相互矛盾的逻辑形式,保持其一致性。

受话者处理言语以达到最佳关联,关联是语境效果和产生语境效果所需处理努力的函数。其他条件相同的情况下,信息具有的语境效果越多,关联度越高;所需处理努力越多,关联度越低。为了方便起见,在某个特定时间点上认知体系所处状态我们将用图式来代表,表示为 (x, C), x 是最新输入中央系统的命题, C 是目前储存在认知语境中的假设集合。

现在我们来用关联理论重新演绎一般描述性否定的认知结构。被否定的句子相当于某一时间点上中央系统正在处理的逻辑形式,当这一新的逻辑形式与认知语境中已经存在的逻辑形式结合时会产生矛盾,如:

（209）否定的认知结构图式：(x, {…, y, …})

其中逻辑形式 x 和 y 会导致矛盾。x 是受到否定的句子的逻辑形式,有可能但并不一定就是¬y。否定句 x 作为新信息与已有假设 y 矛盾,会取消已有假设 y（Akiko Yoshimura, 1998）。

但是元语言否定的认知结构就不同了。因为元语言否定不针对真值条件意义,这意味着元语言否定体现的是 Blakemore (1987) 所说的过程意义。Blakemore (1987) 是在分析"and""but"这样的话语联结词时提出过程语义这一观点的。Blakemore 认为话语联结词不应看作是将概念编码,而应看作是将过程编码,它能通过指出什么地方可以寻找关联,来引导理解过程。因此,像下面例 (210) 这样的例子中的"但是"表示说话人期待话语第二部分的信息与第一部分所得出的结论相互矛盾、排斥,从而取得话语的关联。也就是说,"但是"的意义体现在发出指令,让受话者从与第一部分推导出的结论相矛盾的方向来寻找与第二部分的关联。"我很累"⇒"我要休息",而"但是"发出的指令就是:"但是"后面的部分要从与"我要休息"相矛盾的方向(不休息)来理解,只有这样才能取得关联。

(210) 我很累,但是我要先完成工作。
(211) Peter: I'm only trying to help you.
　　　Mary: You're only trying to help me, huh! (Wilson & Sperber (1993) 用例)

同样,例(211)中的"huh!"可以看作是一个处理过程的指令,指出了 Mary 对 Peter 话语的重复回应或者说回声,并表示自己不同意 Peter 先前所说的话语。此外,也有人建议对一系列的形态项(Morphological items)作过程分析,虽然这些形态项会影响到断言的内容,但它们显然并不是完整的概念编码,像"I""he"以及时、体标记等就是例证(Wilson & Sperber, 1993;何自然、冉永平, 2001)。

Blakemore (1987) 区分的概念语义和过程语义在元语言否定分析中有重要作用。概念理论分析句子的真值条件意义,而过程理论分析句子的心理处理方式。元语言否定的语义不是体现在概念层面,而是体现在心理过程的层面,体现在受话者认知语境的改变中。元语言否定的过程语义是发出指令,提醒受话者先行话语有问题,以促使受话者进行溯因推理,寻找适当调整认知语境的方式。

因此,为了捕捉元语言否定的过程意义,我们借用 Akiko Yoshimura (1998) 的否定认知图式对受话者认知语境作一动态扫描,把不同阶段认知状态用一系列图式表示出来:

(212) 元语言否定认知结构图式:(φ, {…})
　　解释为:先行句子有问题,因此寻找适当途径修正认知语境。

元语言否定 φ 是一个空的逻辑式,因为元语言否定并未在概念语义层面传达任何东西。下面省略了元语言否定句的例子可以证明这一点。

(213) A：我买了番茄，晚上炒蛋吃。
B：（咱们东北人不吃番茄的，）咱们只吃西红柿，吃柿子。
(214) A：今天挺暖和，出去玩玩吧。
B：今天（不是暖和）是炎热，还是别去了。
(215) 老师：我的课你以后不用来上了。
学生：你凭什么剥夺我上课的权利。
老师：（我不是剥夺你上课的权利，）我是赦免你。
(216) A：情人节那天张三送给他女朋友一束/sù/玫瑰花。
B：（不是一束/sù/玫瑰花，）是一束/shù/玫瑰花。
(217) A：法国国王是秃子。
B：（法国国王不是秃子，）法国没有国王。

笔者发现，即便是把括号中的元语言否定句省略掉，也不会影响对话的语义完整性。可见，元语言否定的意义只存在于过程意义层面。

在上述（212）中的认知结构下面，笔者给出一个解释说明，以此代表过程语义内容。因为我们并不清楚先行话语究竟哪方面出了问题，认知语境内容并非直接体现出来的，因而并无详细内容，以省略号表示。总之，元语言否定的过程语义只是提醒受话者作出推论以发现究竟在哪方面，一个语言形式有可能被认为是不恰当的。要具体确定元语言否定话语的意义（即先行话语究竟是什么地方出了问题），还要通过和修正句的比较才能确定。

笔者在第四章第二节中也提到过，话语表达方式（语言形式）通过语用充实也可以成为命题，因此基于话语表达方式的推导在关联理论框架下完全是行得通的。毫无疑问听到一句话语时，我们脑海里通常会存着这样一个想法，至少暂时会存着这样的想法，那就是认为这句话语必须以一定的方式（形式）来传递（也就是Saka的延迟明示）。这是言语事件不可避免的认知效果，虽然发话者本意并非想在受话者那里引起这样的认知效果（并不是想让受话者去注意语言表达方式本身）。不管怎样，关于言语表达方式本身的假设无疑是可以参与推导的。同样我们关于语言的知识，例如一个给定词语的涵义或者它的发音，无疑也可以参与元语言否定引起的推导过程。

来看一下在（212）中元语言否定的过程指令。其形式是故意模糊的，只有这样才能够允许元语言否定的各种可能的解读。当元语言否定被辨识出来以后，其过程指令断言先行话语有"问题"，可能会有一系列不恰当处，在元语言否定具体涵义确定之前，其解读存在着各种可能性，不能确定是哪个。也就是说，我们能够辨识出来这是元语言否定句，但是具体否定哪一方面，还存在各种各样的可能性。

元语言否定的过程指令中对于受话者应采取什么样的步骤来调整其认知语境也是模糊的。受话者会在认知语境中进行搜寻以适当调整认知语境，这种搜索许多时候都是开放式的、不确定的。就拿（218）来说，前半句否定句得到的解读——发话者的身份不应建立在作为他父亲的后人上——只是一种可能的解读。另一种解读也许是那个被称为父亲的人不配"父亲"这个称号。许多文献中提到的元语言否定，只有提供了后续的修正句后，其解读才真正明确，例如（218）中修正句"他是我爸爸"出现后，我们才能得出"她不应该被等同于父亲的衍生物"这一解读。

(218) 我不是他女儿，他是我爸爸。

修正认知语境的步骤可能会有好几种形式，例如：（a）寻找更相关的来代替，如"他是我爸爸"；（b）可以直接给出反驳先行句问题的理由如下文例（219）中"少给我文绉绉的"。

二 元语言否定处理过程

接下来再看看元语言否定的具体含义究竟是如何得到的。

(219) 晓枫室友：昨晚停电，晓枫秉烛夜战，写了一晚上。
晓枫：（白了室友一眼）不是什么"秉烛夜战"，不过点了支蜡烛，少给我文绉绉的。

图 6-1 显示了大脑中央系统对例（219）的处理过程。图 6-1 中的①、②、③三个认知结构代表的是受话者认知结构的连续状态。室友的先行言语说出以后，作为一个认知假设储存在受话者认知语境中。因此，当

晓枫说出前半句,也就是元语言否定句时,先行话语的认知假设(为了便利起见我们还是用变量 y 表示)在受话者的认知语境中显现出来,如认知结构①所示。元语言否定句进入中央系统,但是并不具有概念内容,因此用"φ"和标注为"元语言否定"的指令来表示。晓枫的话语的后半句进入中央系统,并且将有问题的区域凸显出来,如②所示。将"秉烛夜战"和"点了支蜡烛"对比最终将导致我们意识到室友用词不当过于文绉绉。中央系统得到结论时,这一隐含义仍然会显示在最后的认知结构中,如③所示。

室友的话语:
"昨晚停电,晓枫秉烛夜战,写了一晚上。"

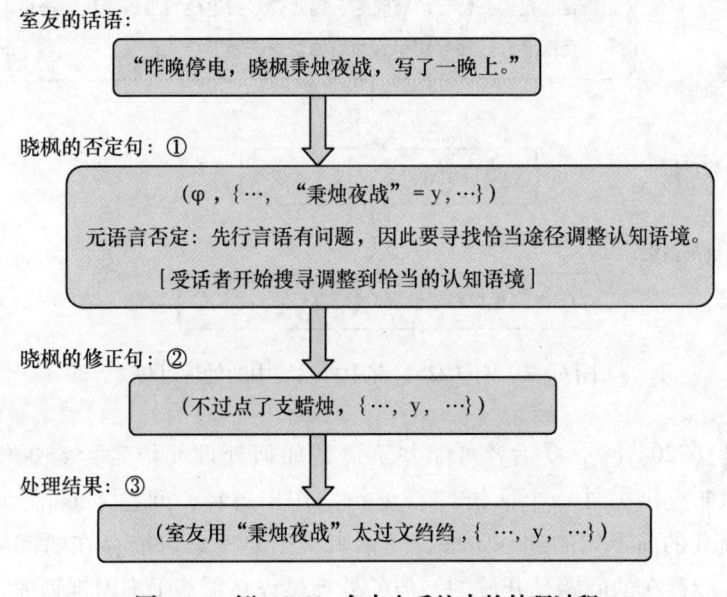

晓枫的否定句:①
(φ,{…,"秉烛夜战" = y,…})
元语言否定:先行言语有问题,因此要寻找恰当途径调整认知语境。
[受话者开始搜寻调整到恰当的认知语境]

晓枫的修正句:②
(不过点了支蜡烛,{…,y,…})

处理结果:③
(室友用"秉烛夜战"太过文绉绉,{…,y,…})

图 6-1　例 (219) 在中央系统中的处理过程

注意"秉烛夜战"仍旧显现于受话者的认知语境中,而没有像一般否定那样,因为导致逻辑矛盾而被从认知语境中剔除。这是因为元语言否定不是像描述性否定那样"驳回",而只是触发我们对言语表达方式产生疑问,进而进行一系列基于言语表达方式的推导。

例(220)中元语言否定句也能作同样处理。

(220) A:你生意做得很好。
　　　B:我不做生意——我玩生意。

如前面图6-1一样，图6-2描述的是在处理B的回答时受话者的中央系统的连续状态。A原先的话语在图的最顶上，受话者认为"B生意做得好"为真。图接下来显示，当元语言否定句得到处理时，这一假设便包含在受话者的认知语境中。

先行话语：　　　　　"你生意做得很好。"

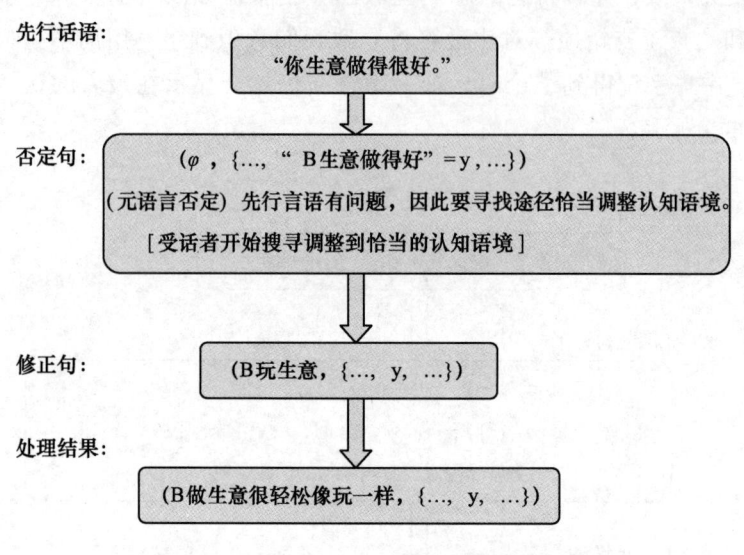

否定句：　　　　　(φ，{...，"B生意做得好"=y，...})
　　　　　　　　　（元语言否定）先行言语有问题，因此要寻找途径恰当调整认知语境。
　　　　　　　　　[受话者开始搜寻调整到恰当的认知语境]

修正句：　　　　　(B玩生意，{...，y，...})

处理结果：　　　　(B做生意很轻松像玩一样，{...，y，...})

图6-2　例（220）在中央系统中的处理过程

例（220）中，受话者可能并不清楚如何处理元语言否定提供的指令，除非提供另外一个话语（修正句）作出解释，问题才能得到解决。在处理B的前半句的这一阶段，受话者必须要搜索可能存在的问题，但这些可能存在的问题是开放的，他的处理过程必须基于溯因推理才能继续下去。有了B的修正句后，受话者才能确定B认为有问题的地方。但是整个过程中，无论是什么时候受话者都不会消除假设y"B生意做得好"，因为元语言否定句并不针对这个。

值得注意的是，元语言否定分析有两点是至关重要的：首先，因为元语言否定不针对真值条件内容，笔者认为元语言否定言语不具有概念内容。另一点是元语言否定具有过程语义内容，提醒受话者先行言语是有问题的，必须采取措施。

第三节 元语言否定的效果

　　元语言否定是否得到了正确的解读，要看其语用功能能否实现，能否取得预期的交际效果。但是以往对元语言否定研究甚少关注其语用功能，几乎没有专门针对元语言否定语用功能的研究。从散落于文献中的观点来看，元语言否定有这么几个众所周知的功能，从发话者想要达到的交际目的来说，元语言否定可以达到勘误、幽默、强调的效果。除此以外，笔者认为元语言否定还有转变话语权、团结"圈内人"等效果。

一　勘误

　　发话者认为先行话语的表达有偏差，所以要对其进行纠正，毫无疑问，这是元语言否定最基本的功能。元语言否定的这一功能在语言教学上尤其利用得多。我们经常可以在语言教学的课堂上发现老师利用元语言否定话语来纠正学生所犯的语音、语法或者语义上的错误。

二　幽默

　　在大多数文化中，尤其是西方文化中，玩文字游戏，使人发笑是幽默的表现，是一种好的品质。由于不是直接地去纠正偏误，元语言否定话语往往比较复杂，需要花费一些脑细胞才能理解。受话者往往会从拐弯抹角的解读过程中找到乐趣。这就是为什么元语言否定经常出现在比较轻松俏皮的文字里。事实上，正是这一层想法，帮助我们较为轻松地寻找到了元语言否定语料。在找语料时，我们首先想到的是从相声小品以及以幽默著称的作品中去寻找。因为其中不乏风趣幽默、爱抬杠的人物，而事实也不出所料，我们正是在这类作品中找到不少元语言否定句子。这从另一个角度证明了元语言否定的幽默功效。例如：

　　（221）宋丹丹：我年轻的时候那绝对不是吹，柳叶弯眉樱桃口，谁见了我都乐意瞅。俺们隔壁那吴老二，瞅我一眼就浑身发抖。
　　　　　赵本山：哼——拉倒吧！吴老二脑血栓，看谁都哆嗦！
（小品《说事儿》）
　　（222）［对我的能力］你是半信半疑。

我可不是半信半疑——我是完全怀疑。（姜昆、唐杰忠相声《歌与舞》）

（223）鲍小姐谈不上心和灵魂。她不是变心，因为她没有心。（钱钟书《围城》）

在（221）这个小品中，宋丹丹说"俺们隔壁那吴老二，瞅我一眼就浑身发抖"，"就"是个预设触发语，会触发一种因果关系的预设"看到美女是吴老二发抖的原因"。而这个前因和后果其实是宋丹丹故意要捏在一起，强加给小崔和赵本山的，实际上并不存在这种因果关系。赵本山知道吴老二发抖的真正原因，当场戳穿了宋丹丹的预设。真相大白，宋丹丹丢了面子，非常尴尬，令人不禁开怀大笑。

例（222）中，相声演员故意把一句话拆开来，说到一半的时候，"顿"一下，故意向听众暗示描述性否定发展方向，使听众们产生误会，观众在听到前半句"我可不是半信半疑"时，一开始会做描述性否定解读，以为唐相信姜的能力，直到后一半"完全怀疑"说出来，才恍然大悟。这使得听众的心理期待一下子落空，前后造成强烈的反差，这种落差和错愕造成了"笑果"。

三 强调

元语言否定有别于普通描述性否定的另一个较为基本的功能就是它的强调作用。如下例：

（224）（我家隔壁小区里面有个幼儿园，宝宝经常和奶奶去里面玩，有一次把幼儿园里的一个玩具小碗拿回家来了。）

奶奶：家里那么多玩具不玩，非要这个小破玩意儿。不让她拿吧，非得拿，还扯嗓子哭，耍赖不肯走。这不，到底给拿回来了。是幼儿园阿姨给的。

妈妈：下次再耍赖，想法分散注意力，把她哄走。不管什么东西，别再让她往家拿，这习惯可不好。

爸爸：这习惯不是不好——是非常不好。别惯她这臭毛病，下次再拿人家的东西，要揍屁股了。

爸爸话里面的"不好"是对妈妈话的回声。这里的回声内容"拿人家的东西不好"是大家普遍承认的价值观，大家都持有的想法，在听的人看来本是无可置疑的，但爸爸的元语言否定句却故意将这一被认为是无可置疑的内容加以"否定"，这就使得话语出人意料，违背了大家的普遍信念，增大吸引力，造成一种悬念，因而增大交际过程中的注意力；"不是不好"和"非常不好"在语句表层的语义不相容性也增大话语的吸引力，加大受话者的注意力。同时，"不是不好"表达的内容，为"非常不好"的表达做了很好的铺垫，使得这句话出人意料，又在情理之中。这一切，都增强了元语言否定句的表达效果。

四　转变话语权

正如笔者前面一章提到的元语言否定的认知本质是图形/背景的扭转，因此元语言否定还具有一个特殊的交际功能，即表达对话双方对于背景信息，而非断言内容的意见分歧。就像戈茨（Geurts）（1999）和 Burton-Roberts（1989b）所说，断言可以将一个命题摆上台面供人争辩，而预设等背景框架则不可以。这使得说先行话语的人处于有利地位，因为，正如 Borutti（1984）所说，发话者所说的决定了受话者选择如何回应，受话者得沿着发话者设定好的方向将对话进行下去。元语言否定听起来特别别扭，就是因为话语没有按照既定路线发展下去。所谓抬杠就是这么个意思。话语如果在原先的话语背景中进行，那就是比较顺利的，而要先打破原先的话语框架，再确立一个新的话语框架作为谈话背景，就比较费事。

这一点在预设否定中尤其明显。Harris 在对法官/被告、警察/嫌疑犯的话语分析中得到了实证支持。正如他所观察到的那样，"语料库中很少有被告会对法官的预设中所含命题的'真正意图'进行反驳"（1995：123）。

(225) A：张三打了他妻子。
　　　B：张三没有打他妻子。
(226) A：张三停止打他妻子了。
　　　B：不是"停止"，张三从来没有打过他妻子，何来"停止"。

可见受话者处于潜在的劣势。如果受话者不同意先前发话者的断言内容，他大可以对此进行反驳，就如（225）那样；但是如果他只是不赞同话语中的预设内容，那么他首先要将预设提出来进行质疑，然后像（226）那样进行反驳。显然这从认知上来讲是可行的，因为这一内容的背景可以被认为不适用于当前情境而遭到反驳。可见元语言否定展现了话语的动态性，因为权力关系在对话者之间转换（Marmaridou，2000），发话人设定一个谈话背景就是设定了谈话轨迹，受话人对既定框架进行反驳，逸出发话人设定的轨迹，这是对发话人权力的挑战。受话人再重新提出自己的说话框架，重新设定谈话轨迹，谈话主动权就由受话人掌握，话语权力转入受话人手中。因此元语言否定这一特性可以得到利用，从而成为一种交际策略而体现其价值。我们来看一下这个例子：

（227）她笑道："你怎么像小孩争嘴一样？别人要织一条，你也要织一条？"说到这里，又有心试探一下，"你还要我帮你织围巾？你叫你老婆织一条不就行了。"

他似乎看透了她的那点小心思："我不叫我老婆织——"

她有点失望："为什么？"

"我还没结婚，哪里有老婆？你听谁说我有老婆？你到我们公司去问问，看我结婚了没有。你不相信我，总要相信组织吧？"

她见他故意逗她，知道被他看穿了心思，红了脸，但心里很高兴"我干嘛上你公司去问？你结婚不结婚跟我有什么关系？"

（高雅楠《如果不能好好爱》）

对于预设可采取两种态度：一般情况下是默认，让谈话始终围绕断言的内容进行，正如 Mey（1993：206）所指出的"通常，我们要理解一句话语时并不一定非得去'猎寻预设'不可。对此进行质疑是危险的"。二是否定，将话题从断言内容转移到预设内容上。从这段对话中，我们可以看出，一开始谈话的主动权在"她"的手里，谈的是织围巾的事情，而后来，"他"把本应处于背景信息的预设"他有爱人"提出来否定，谈话的内容移到了他结没结婚上面，进而控制了谈话的主动权。再来看这个：

（228）爸爸：今年春/cūn/节咱们回东北过年吧。

妈妈：春/cūn/节不去东北。

爸爸：好几年没回我家了，每年都是去你家……
妈妈：春/cūn/节不去你家，春/chūn/节去。
爸爸：这人真是，怎么老爱跟人抬杠啊。

这段对话，原本爸爸跟妈妈在讨论回谁的老家过年，但是通过元语言否定句妈妈将话题转移到了爸爸的东北口音上去了。

从上述例子的分析，我们可以看出话语的动态发展中，其中的社会角色得到构建，而通过元语言否定，操控谈话背景，能够实现权力在对话者中的配置和权力关系的转换。

五　团结"圈内人"

正如我们前面提到的，元语言否定的理解，在很大程度上取决于交际者之间所享有的共同背景知识。这些共有的背景知识是交际者心照不宣的，尤其是在没有修正句的情况下，这种共有知识背景对于理解元语言否定而言起到关键性作用。发话者可能不想让所有的会话参与者都理解元语言否定，故意隐去修正句；也可能是发话者认为即使不提供修正句，受话者和发话者共享的背景知识足以让受话者理解元语言否定句，因而不必要说出修正句，所谓"心有灵犀一点通"。此时的元语言否定就像行话、切口，划定了一个圈子，只有圈子里的人才可能理解发话者真正意图。能听得懂，就意味着和发话者共处同一个话语圈，其中的意思第三方很可能听不懂，并且元语言否定话语带来的这种心照不宣的微妙感觉更增强圈内交际者之间的亲密度。

（229）A和B都是土生土长的上海人，很喜欢周立波的海派清口，对周立波语录能倒背如流。C是东北来的上海新移民，对周立波不怎么感兴趣。一天A、B、C一起逛街，A提出去吃西餐。
　　C：中国人也不知怎么回事都爱吃西餐。
　　A冲B撇嘴一笑，眨眨眼：我不是中国人。

周立波语录"我不是中国人，我是上海人"是A和B共有知识，B听到A所说，加上当时语境，会从记忆库中调出这一认知假设，立马能明白A的话语。而C显然会莫名其妙。A和B拉近关系，形成了一个共同的话语圈子，C 被排斥在外。

第四节　小结

　　元语言否定解读是元语言否定研究的一个重要环节。本章对元语言否定解读涉及的三个方面加以考察：首先，元语言否定的辨识受到语境调控。受话者所觉察的语境和元语言否定句命题内容之间存在的冲突越多，语境参与的力度越大，元语言否定就越是可及。其次，元语言否定的意义体现在过程语义上：在处理过程中发出指令，引发人们去关注先行话语出了问题。至于发话者所意谓的元语言否定的具体涵义的确定，需要通过同后续修正句的对比来完成；元语言否定的成功解读意味着元语言否定达到了它应有的效果：勘误、幽默、强调、转变话语权、团结"圈内人"等。

第七章
元语言否定的 LDRT 刻画

元语言否定因其回声性，在语篇结构中是非单调的，修正性的，它能用来否定包括预设、含义、语体等各种各样的意义。标准语篇表示理论（Discourse Representation Theory 或者 DRT）能够体现这一特征，但是也有其不足之处。本章将标准 DRT 扩展为分层式语篇表示理论（Layered Discourse Representation Theory 或者 LDRT），通过将语篇中不同的信息分置于同一分层式语篇表示结构（LDRS）的不同层面，来体现并且解释这些信息。LDRT 可以解决经典单层系统存在的问题，运用导向性逆向指涉（Directed Reverse Anaphora）来锁定、移动和否定受到反驳的内容。

第一节 元语言否定的形式化

当今计算机信息技术的发展要求人们在逻辑的框架内去描述自然语言的特征，元语言否定自然也不例外。而自然语言本身也是一种特定的符号形式系统，也可获得语义模型的解释，因此，某种意义上说，自然语言的内在基础就是逻辑。而自然语言要能进行计算机处理第一步就是要进行形式化。20 世纪 70 年代以来，形式语义学或逻辑语法的发展态势极为迅猛，以著名的蒙太格语法为开端，形成了广义量词理论、话语表现理论、情境语义学和类型—逻辑语法等各具特色的理论，这些理论推动了当今逻辑科学的发展，并为自然语言信息处理提供了基础。

元语言否定受到否定的对象都不是真值条件内容，因为真值条件内容是描述性否定所要针对的。这样否定算子（Negation Operator）好像有了两种不同的解释。如 Horn（1985）所说"这是用法上的区别：可以是从命题 P 到命题 –P 的描述性的真值函数算子，也可以是作为元语言（非真值函数的）算子，解读为'我反对 U'，其中尤为关键的是，U 是语言性的言语（utterance）而非抽象命题。"

他的这一观点颇值得怀疑：首先，这意味着某些自然语言的否定无法得到语义解释；同样也意味着自然语言的否定存在歧义，然而我们却没有发现任何一种语言具有这种歧义性。

我们认为否定是一个语义概念，是真值函数性质的，而元语言否定是一种言语行为，是语用性质的，两者不是一码事。和断言一样，元语否定的本质和功能要用它所引起的语篇效果来解释。正如断言的基本功能是传递新信息，元语言否定的基本功能是对已有信息提出异议，并将之从语篇结构中消除。因此，元语言否定的主要特征是对语境信息的非单调的（non-monotonic）修正作用。这种观点的优越之处在于能将元语言否定同标准的命题性质的真值语义否定统一起来，而不用在自然语言中硬造出一个有歧义性的否定，这样我们可以非常自然地用语篇解读的动态语义学理论使之形式化。

第二节 元语言否定与 DRT

Van der Sandt（2003）曾给出过能够锁定并消除先前言语传递的信息的机制。这需要对标准 DRT 作些小小的扩展：在对话中要记录下何人在何时说了什么，以此来锁定并消除先前说话者的语篇结构。语篇为句子的序列，$\sigma_1, \cdots, \sigma_n$。最初增加的 DRS 语言的句法没什么影响：每一个 DRS 条件和指称标记都用对应的句子序列数字来索引。其目标是要建立不断增加的 DRS，$\varphi_1, \cdots, \varphi_n$，来表示语篇进行过程中的各个阶段。预先给定的背景表示为 φ_0，是整个过程的出发点。

一 星号条件和逆向指涉

当言语是作为对先行言语的否认来分析时，这一否认就不再深入下去，而只是在 DRS 中留下一个被否定的 * - 条件（¬ [* : *]）。DRS 构建如下：首先，分析句子，建立一个初始句子 DRS，并使之与背景 DRS 结合。标准预设消解机制将约束或接纳未消解的预设及其他指涉性表达。用这种方式来处理断言性表达，会产生一个新的 DRS，这一 DRS 单调性增加言语传递的新信息。

但是，如果语篇产生 * - 条件，则要有逆向指涉（reverse anaphora）机制来消解。这一机制汇集所有先行语篇的内容，并将之移至 * 处。逆向指涉因此在所建立的语篇结构中具有了非单调效果：先前言语被从主要 DRS 上消除，进入否定辖域。

二　元语言否定的 DRT 分析

下列预设取消较为详细地说明了这一机制。

(230) σ_1 法国国王是秃子……，
　　　σ_2 不，他不是
　　　σ_3 法国没有国王。

背景 φ_0 为空。σ_1 的预设表示（用下划线表示）只得被接纳。初始句子 DRS、消解和逆向指涉分别为算法 Prel，Res，和 RA。+ 为融合算子。

(231) a. Prel (σ_1) =
　　　　[x$_1$：法国国王$_1$(x)，是秃子$_1$(x)]
　　　b. φ_1 = Res (φ_0 + Prel (σ_1)) = [x$_1$：法国国王$_1$(x)，是秃子$_1$(x)]
　　　c. φ_1 + Prel (σ_2)) = [x$_1$：法国国王$_1$(x)，是秃子$_1$(x)，¬$_2$ [* : *]]
　　　d. φ_2 = RA (Res (φ_1 + Prel (σ_2))) =
　　　　[x$_1$：法国国王$_1$(x)，
　　　　是秃子$_1$(x)，
　　　　　¬$_2$ [x$_1$：法国国王$_1$(x)，
　　　　　　是秃子$_1$(x)]]
　　　e. φ_3 = Res (φ_2 + Prel (σ_3)) =
　　　　[：¬$_2$ [x$_1$：法国国王$_1$(x)，
　　　　　是秃子$_1$(x)]，
　　　　　　¬$_3$ [x$_3$：法国国王$_3$(x)]]

最终的解读 φ_3 与谓词逻辑式¬（x [法国国王 (x) ∧ 是秃子 (x)] ∧¬（x [法国国王 (x)] 等同，而后者显然又等同于从直觉上来说是正确的¬（x [法国国王 (x)]。

三 DRT 存在的问题

我们往往不能消除受到反对的言语所传递的所有信息，例如：

(232) a. 那个人从桥上跳下去了。
　　　 b. 他不是跳下去的，他是被推下去的。

处理（232）b 时，得保留（232）a 中那个人的语篇所指，以约束指涉代词。再比如：

(233) a. 法国国王知道我戒烟了
　　　 b. 不，法国没有国王。

受到异议的是预设法国有国王，应从语篇记录中清除出去。我戒烟这一预设却似乎未受到影响。因此，后者的信息在最后的表示中有必要保留。

另一种反对消除句子所有信息的是说话者有时在否认先行言语时会公然承认某些部分，如（234）中第二个说话者承认所指的人是个好人，但又否认不定指称"一位小姐"所引发的含义。

(234) a. 那位小姐很漂亮。
　　　 b. 是的，但她不是什么小姐，她是我妻子。

要解释例（234）这样的问题，我们得分门别类地表示并解读同一言语所传递的不同信息，以便在消除某些信息时可以保留其他部分。

第三节　DRT 中层次的使用

为了解决上述问题，我们将使用层次表示法，以便将逆向指涉模块导向受到异议的层次。这需要进一步扩展 DRT，这样就可以对各种信息同时编码和解读。因此我们使用了分层式语篇表示理论（LDRT）。

一 LDRT 的句法

LDRT 的句法与标准 DRT 相似，除了每个语篇所指与语篇表示结构条件都给了一个层次标签，以确认它们所编码的是哪种信息。每个标签都有与句子相同的数字号码索引（背景信息为 0）。例（235）中给出的是标签集合 Λ_0：

(235) $\Lambda_0 = \{0, fr_1, \cdots, fr_n, acc_1, \cdots, acc_n, imp_1, \cdots imp_n, p_1, \cdots p_n,\}$

— fr_i，≈ 弗雷格层，σ_1 中"所说"的内容
— acc_i，≈ 来自 p_i 层的被接纳的内容
— imp_i，≈ σ_1 引出的含义
— p_i，≈ σ_1 触发的预设

LDRT 语言的初始符号为：

— 指称标记集合 X
— n 阶谓词集合 $Pred^{(n)}$
— 层次标签集合 Λ_0

句法规则如下：

(236) a. 若 $x \in x$，$L \subseteq \Lambda_0$，那么 $x_L = <x, L> \in x \times \wp(\Lambda)$ 是加标指称标记

b. 若 $P \in Pred^n$，$L \subseteq \Lambda_0$，那么 P_L 是加标谓词

c. 若 $x, y \in x$，$L \subseteq \Lambda_0$，那么 $x =_L y$ 是加标条件

d. 若 $x_1, \cdots, x_n \in x$，P_L 是加标 n-阶谓词，那么 $P_L(x_1, \cdots, x_n)$ 是加标条件

e. 若 φ 与 ψ 是加标条件，$L \subseteq \Lambda_0$，那么 $\neg_L \varphi$，$\varphi \vee_L \psi$，且 $\varphi \Rightarrow_L \psi$ 为加标条件

f. 若 U 加标指称标记集合且 Con 是加标条件集合，那么 $<U, Con>$ 是 LDRS

（记做：$\varphi = <U(\varphi), Con(\varphi)>$）

以下是句子"可能老王是正确的"及其最初 LDRS 表示：

(237) a. σ_1 = 可能老王是正确的。
　　　b. $[x_{p1}:$ 老王$_{p1}(x)$,
　　　　　$\Diamond fr_1 \, [: 正确fr_1(x)]$,
　　　　　$\neg \, \Box imp_1 \, [: 正确imp_1(x)]]$

这一表达式体现了限定摹状词"老王"具有预设的地位。如果存在一个能满足这一述谓的个体，经典的真值条件内容是：他有可能是正确的；而通过 σ1，说话者又进一步传递了含义：他不一定正确。LDRT 表达的重要特征是所有条件都有各自的层次，但又共用同一个指称标记；预设、断言和含义都系于同一个语篇所指，这体现了它们都是同一个体的某个属性。

二　LDRT 的语义

LDRT 的语义认为真值定义只与一个标签集相联系，这意味着其他加标内容都忽略不计。真值定义因此只是对 DRS 标准真值定义在确证或真实内嵌方面作了小小的扩展，只要作两个略微的调整：

首先，因为忽略某些层次往往导致其他层次只能形成不完全的表示，可能会丢失一些重要指称标记，其真值定义是不完全的，即，对于某些层次集合来说，真值是未定义的。我们用↑与↓分别表示未定义和定义。

其次，我们要讨论命题，至少得需要一个内涵语义，即，可能世界。我们的 LDRT 语言片断的内涵模型是一个三元组 $<D, W, R>$，其中 D 是个体集合，W 是可能世界集合，是将基本谓词投射到外延的解释函数，R ($\subseteq W^2$) 是可及性关系。(238) 是真值的部分定义：

(238) 有 $L \subseteq \Lambda_0$，一个 LDRSφ，和嵌入函数 f, g，定义：
a. $U_L(\varphi) = \{x \in X \, | $
　　$\exists K \, [K \cap L \neq \emptyset \wedge x_K \in U(\varphi)]\}$
b. $Con_L(\varphi) = \{\psi \, |$

ψ 是 LDRS 条件 $\wedge$

$\exists K \ [K \cap L \neq \emptyset \wedge \psi_K \in Con \ (\varphi)]\}$

c. $f \ [x] \ g = f \subseteq g \wedge$

$Dom \ (g) \ = Dom \ (f) \ \cup X$

设 $M = <D, W>$ 为内涵模型。f 为指称标记集合到 D 的部分嵌入，$L \subseteq \Lambda_0$，$w \in W$，φ 为 LDRS。

- $\|\varphi\|f_{L,w} =$

$$\begin{cases} \{g \mid f \ [U_L \ (\varphi)] \ g \wedge \forall \psi \in Con \ (\varphi) \ [\|\psi\|g_{L,w} = 1]\} \\ \text{若} \exists g \ [f \ [U_L \ (\varphi)] \ g \wedge \forall \psi \in Con \ (\varphi) \ [\|\psi\|g_{L,w} \downarrow]] \\ \uparrow \qquad\qquad\qquad 否则 \end{cases}$$

- $\|x =_K y\|f_{L,w} =$

$$\begin{cases} 1 \ \text{若} K \cap L = \emptyset \ \text{或} \ x, y \in Dom \ (f) \ \wedge f \ (x) \ = f \ (y) \\ 0 \ \text{若} K \cap L \neq \emptyset \ \text{且} \ x, y \in Dom \ (f) \ \wedge f \ (x) \ \neq f \ (y) \\ \uparrow \qquad 否则 \end{cases}$$

- $\|P_K \ (x_1, \cdots, x_n)\|f_{L,w} =$

$$\begin{cases} 1 \ \text{若} K \cap L = \emptyset \ \text{或} \ (x_1, \cdots, x_n) \in Dom \ (f) \ \wedge \\ \qquad <f \ (x_1), \cdots, f \ (x_n) > \ \in w \ (P) \\ 0 \ \text{若} K \cap L \neq \emptyset \ \text{且} \ x_1, \cdots, x_n \in Dom \ (f) \\ \qquad \wedge <f \ (x_1), \cdots, f \ (x_n) > \ x, y \notin w \ (P) \\ \uparrow \qquad 否则 \end{cases}$$

- $\|\neg_K \psi\|f_{L,w} =$

$$\begin{cases} 1 \ \text{若} K \cap L = \emptyset \ \text{或} \ \|\psi\|f_{K \cap L,w} = \emptyset \\ 0 \ \text{若} K \cap L \neq \emptyset \ \text{且} \ \|\psi\|f_{K \cap L,w} \downarrow \text{且} \ \|\psi\|f_{K \cap L,w} \neq \emptyset \\ \uparrow \qquad 否则 \end{cases}$$

- $\|\psi \vee_K X\|f_{L,w} =$

$$\begin{cases} 1 \ \text{若} \|\psi\|f_{K \cap L,w} \downarrow \wedge \|x\|f_{K \cap L,w} \downarrow \text{且} \|\psi\|f_{K \cap L,w} \cup \|x\|f_{K \cap L,w} \neq \emptyset \\ 0 \ \text{若} \|\psi\|f_{K \cap L,w} = \|x\|f_{K \cap L,w} = \emptyset \\ \uparrow \qquad 否则 \end{cases}$$

- $\|\psi \Rightarrow_K X\|f_{L,w} =$

$$\begin{cases} 1 \text{ 若 } \|\psi\|f_{K\cap L,w} \downarrow \wedge \forall g \in \|\psi\|f_{K\cap L,w} : \|x\|g_{K\cap L,w} \downarrow \\ \quad \wedge \|x\|g_{K\cap L,w} \neq \emptyset \\ 0 \text{ 若 } \exists g \in \|\psi\|f_{K\cap L,w} : \|x\|g_{K\cap L,w} = \emptyset \\ \uparrow \quad \text{否则} \end{cases}$$

$- \|\Box_K \psi\|f_{L,w} =$

$$\begin{cases} 1 \text{ 若 } \forall w' Rw : \|\psi\|f_{K\cap L,w'} \downarrow \wedge \neq \emptyset \\ 0 \text{ 若 } \exists w' Rw : \|\psi\|f_{K\cap L,w'} = \emptyset \\ \uparrow \quad \text{否则} \end{cases}$$

由 LDRS 表达的分层命题或内容定义如下：

(239) $C_L^f(\varphi) =$
$$\begin{cases} \{w \mid \exists g \in \|\varphi\|_{L,w}^f \quad \text{若} \exists w \, [\|\varphi\|_{L,w}^f \downarrow] \\ \uparrow \quad \text{否则} \end{cases}$$

$C_L(\varphi) = C_L^\emptyset(\varphi)$

这样可以定义的范围很广。如 $\|(237)\text{ b}\|_{\{p1,fr1\}}$ 为命题"老王可能正确"，而 $\|(237)\text{ b}\|_{\{p1,imp1\}}$ 为命题"老王不一定正确。"

要确定像 $\|(237)\text{ b}\|_{imp1}$ 这样的句子含义的命题（我们经常会用到的内容），可以通过扩大这一层次的集合，直至命题可以被表达出来。设想增加的层次也可以表达命题，我们通过相互减去这些来代替原先未定义的内容。

(240) a. $C_L^{[K]}(\varphi) = W - (C_k(\varphi) - C_{k\cup L}(\varphi))$
$= \{w \in W \mid w \in C_k(\varphi) \to$
$w \in C_{k\cup L}(\varphi)\}$
b. $Cl(\varphi, L) = $ 最小 $K \subseteq \Lambda_0$ 由此 $C_{k\cup L}(\varphi) \downarrow$（"闭包集合"）
c. $C_L^*(\varphi) = C_L^{[Cl(\varphi,L)]}(\varphi)$

如果 $C_L^*(\varphi)$ 和 $C_L(\varphi)$ 都得到了定义，很容易就能确证 $C_L^*(\varphi) = C_L(\varphi)$。若 $C_L(\varphi)$ 仅仅分了层而未定义，那么 $C_L^*(\varphi)$ 可以给 φ 的 L

层次（可能性最弱的）真值条件内容建模。

再来看一下例（237）：‖（237）b‖$_{imp1}$是未定义的，因为这一含义层次没有指称标记。imp_1的闭包是p_1，因此：

(241) C^*_{imp1}（(8b)）= W - （C_{p1}（(8b)）- $C_{p1\ imp1}$（(8b)））
= 命题"如果有一个老王，那么就有一个不一定正确的老王。"

三 导向性逆向指涉

逆向指涉算法依赖于 Off，这种机制可以从受到否认的言语中选出受异议的内容。Off 定义如（242），L 与 K 为标签集合。

(242) Off（φ, K）= 最小 $L \subseteq \Lambda_0$ 由此 $C^*_L(\varphi) \cap C^*_K(\varphi) = \emptyset$

因此 Off（φ, K）给出了一个标签集，在φ中与一个已有集合K相冲突，换句话说，与K相背离的最小标签集，导致整个φ的矛盾性。

为了给先行断言—元语否定句—修正句序列〔如（230）中的σ_1 - σ_2 - σ_3〕中的逆向指涉机制进行导向，σ_2的信息要用¬$_{fr2}$〔 * : * 〕条件来表示，见 7.2.2。但是这不足以使 Off 确定哪个层次是受异议的，因为矛盾还没有产生。因此首先得添加分层后的σ_3的信息，使不断增长的 LDRS（即φ）中产生矛盾。通过修正部分的 fr - 内容，可以确定导致矛盾的是什么：Off（ψ, {fr_3}）。受到异议的层次上相冲突的内容，由改进了的逆向指涉机制转移到 * 上，由此最后受到fr_2层的否定。

这在形式上体现为逆向指涉的重新定义，RA^*：

(243) RA^*_I（φ）= 将 $U_{\text{Off}(\varphi, fri)}$ 和 $Con_{\text{Off}(\varphi, fri)}$ 从它们原来在φ中的位置移至φ中 * 所在的位置（从而去掉 * ）。

解释如下：

- 若 σ_i - σ_{i+1} - σ_{i+2} 为先行断言—元语否定句—修正句序列，那么 φ_{i+1} = Res（$\varphi_i \oplus$ Prel（σ_{i+1}））= $\varphi_i \oplus$〔 : ¬$_{\{fri+1\}}$〔 * : * 〕〕且 φ_{i+2} = RA^*_{i+2}（Res（$\varphi_{i+1} \oplus$ Prel（σ_{i+2}）））。

- 否则，φ_{i+1} = Res（$\varphi_i \oplus$ Prel（σ_{i+1}））且 φ_{i+2} 也是如此。

我们接下来将用实例来验证上述定义。

四 元语言否定 LDRT 分析

我们先来看一下否定含义的元语言否定：

(244) σ_1 老王可能是正确的。
  σ_2 不，不是可能。
  σ_3 他一定是正确的。

σ_2 的否定只是针对 σ_1 某一部分内容，而 σ_3 的修正则指出只有含义是受到异议的。根据导向性逆向指涉算法，这段对话一步步解读如下：

- $\varphi_0 = [x_0: 老王_0\ (x)]$
- $\text{Prel}\ (\sigma_1) = [x_{p1}: 老王_{p1}\ (x), \Diamond_{fr1}\ [: 正确_{fr1}\ (x)], \neg\ \square_{imp1}\ [: 正确_{imp1}\ (x)]]$
- $\varphi_1 = \text{Res}\ (\varphi_0 + \text{Prel}\ (\sigma_1)) = [x_0: 老王_0\ (x), \Diamond_{fr1}\ [: 正确_{fr1}\ (x)],$
  $\neg\ \square_{imp1}\ [: 正确_{imp1}\ (x)]]$
- $\text{Prel}\ (\sigma_2) = [: \neg_{fr2}\ [*: *]]$
- $\varphi_2 = \text{Res}\ (\varphi_1 + \text{Prel}\ (\sigma_2)) = [x_0: 老王_0\ (x), \Diamond_{fr1}\ [: 正确_{fr1}\ (x)],$
  $\neg\ \square_{imp1}\ [: 正确_{imp1}\ (x)], \neg_{fr2}\ [*: *]]$
- $\text{Prel}\ (\sigma_3) = [z_{p3}: 男性_{p3}\ (z), \square_{fr3}\ [: 正确_{fr3}\ (z)]]$
- $\psi = \text{Res}\ (\varphi_2 + \text{Prel}\ (\sigma_3)) = [x_0: 老王_0\ (x), \Diamond_{fr1}\ [: 正确_{fr1}\ (x),$
  $\neg\ \square_{imp1}\ [: 正确_{imp1}\ (x)], \neg_{fr2}\ [*: *],$
  $\square_{fr3}\ [: 正确_{fr3}\ (x)]]$
- $\text{Cl}\ (\psi, fr_3) = \{0\}$ 由此 $C^*_{fr\ 3}\ (\psi)$ 是命题"如有一位老王，必定有一位肯定正确的老王。"（参见(241)）
- $\text{Off}\ (\psi, fr_3) = \{imp_1\}$，因为 $C^*_{imp_1}\ (\psi)$ 是命题"如有一位老王，就有一位不一定正确的老王。"这与 $C^*_{fr3}\ (\psi)$ 矛盾。
- $\varphi_3 = \text{RA}^*\ (\varphi) = [x_0: 老王_0\ (x), \Diamond_{fr1}\ [: 正确_{fr1}\ (x)],$

$$\neg \Box_{imp1}\ [:\ 正确_{imp1}\ (x)],$$
$$\neg_{fr2}\ [:\ \neg \Box_{imp1}\ [:\ 正确_{imp1}\ (x)]],$$
$$\Box_{fr3}\ [:\ 正确_{fr3}\ (x)]]$$

第四节 小结

通过扩展后的 DRT 对元语言否定的语篇功能进行形式化表示，并且利用一个导向性逆向指涉机制来锁定并消除先行言语中受异议的信息。元语言否定在以往被认为是具有语用歧义、非真值条件性质的，或者是具有不同机制、无法统一的，实际上元语言否定的否定算子还是标准真值函数性质的，具有统一的语义。利用非单调性语篇效果可以来统一解释预设取消、含义取消等元语言否定。

第八章
从元语言否定到元语言比较

同元语言否定一样，回声性是元语言比较区别于一般等级比较的本质特征，据此，元语言比较的句法形态、语义等方面的特殊表现才能得到统一解释。元语言比较的回声性能从语篇上得到证明：在真实语料中，能够从较为完整的上下文中提取到元语言比较的回声来源；此外，在英语之外的一些语言中，元语言比较的专有词汇都包含了言说动词，这为回声性提供了跨语言证据。自然语言的元语言功能已经不仅仅是单纯的特殊语用手段，元语言比较实际上体现了主体间性一定程度上的语法化。

第一节 元语言比较

虽然许多学者都研究过比较结构，但大多数都针对"常规"比较，例（245）中的这些所谓非常规的元语言比较，则很少有人关注。

(245) a. George is more dumb than crazy.
b. Clyde is more a syntactician than a semanticist.
c. He is more machine now than man.

元语言比较与一般等级比较在诸多方面存在显著差异（Bresnan 1973；Embick 2007；Giannakidou & Stavrou 2009；Huddleston & Pullum 2002；McCawley 1988）。尽管人们已经注意到元语言比较区别于一般等级比较的特殊性，并进行描述，还有个别学者从不同角度对其进行解释，但是始终无法对其句法和语义上的特征作出统一解释。我们认为元语言比较句含有 Sperber & Wilson (1995) 所谓的回声（echo）成分，这是元语言比较区别于一般等级比较的本质特征。据此，元语言比较的种种特殊表现才能够得到统一解释，并且这种回声性也得到了语篇和跨语言的验证。

第二节 元语言比较的特殊性

一 句法形态特征

元语言比较在英语中不能与表示比较的词缀"-er"连用，即使其比较级必须用"-er"的形容词也不能。例如：

(246) a. George is more dumb than crazy.
　　　b. *George is dumber than crazy.
(247) a. Dick is more crazy than dumb.
　　　b. *Dick is crazier than dumb.

通常情况下"dumb"和"crazy"的比较级必须是"dumber"和"crazier"，而例（248）这样"more dumb"和"more crazy"是不合语法的。但是元语言比较必须用（248）a、（248）b这种看似不合语法的形式。

(248) a. *George is more dumb.
　　　b. *Dick is more crazy.

McCawley（1988）发现普通比较中"more"位置固定，必须出现在紧邻形容词的左面：

(249) a. He is more clever than her.
　　　b. *He is clever more than her.

而元语言比较中的"more"则可以"浮动"（float），因此，例（245）各句可以变为：

(250) a. George is dumb more than crazy.
　　　b. Clyde is a syntactician more than a semanticist.
　　　c. He is a machine now more than a man.

二 语义特征

普通的比较总是需要用具有等级性的形容词或副词,而不能使用诸如"financial"、"spherical"这样的非等级形容词,元语言比较则无此限制(McCawley, 1988)。

(251) a. Your problems are more financial than legal.
　　　b. *Your problems are more financial than Clyde's.
(252) a. This ball is more spherical than oblong.
　　　b. *This ball is more spherical than that one.

元语言比较与普通等级比较语义上的差异还表现在,在普通等级比较中,我们无法从比较级推导出原级形式(形态上无标记的形式),例如:

(253) Clyde is taller than Erma.

普通比较不能推导出"Clyde is tall"。而元语言比较则可以:

(254) Clyde is more tall than ugly.

例(254)可以推导出隐含意义(implicature)"Clyde is tall"(Kennedy, 2007)。之所以是隐含意义不是蕴涵意义(entailment),是因为这一含义可以取消:

(255) Clyde is more tall than ugly, but he's not (really) tall either.

三 跨词类特征

普通比较主要是比较形容词或副词词组,而元语言比较则无此限制(McCawley, 1988)。例如:

(256) The table is more long than wide. (AP)

(257) Clark more makes the rules than follows them. (VP)

(258) Calvin is more in the living room than in the kitchen. (PP)

(259) That unidentified amphibian in the bush is more frog than toad, I would say. (NP)

(260) He realized that he was drunk more than that he was ugly. (CP)

甚至，同一个元语言比较能够跨词类进行比较。例如：

(261) a. Mary is more [AP afraid of Peter] than [PP in love with him].
b. Dick is more [DP a workaholic] than [AP (merely) industrious].

四 语言类型学特征

尽管英语中元语言比较和普通比较没有语形差异，都用"more…than…"，但在英语之外的一些语言中，元语言比较会有特有的词汇。例如：希腊语中的"para"、韩语"kipota"、日语"iu–yori"等。

第三节 以往研究及不足

以往对于元语言比较的研究多数是对其不同于普通比较句的特殊性的描述，但是如何解释这种差异，除了 Embick (2007) 和 Giannakidou & Stavrou (2009)，学界并无多少研究。Embick 主要从句法上进行解释，为此他给出元语言比较的句法树：

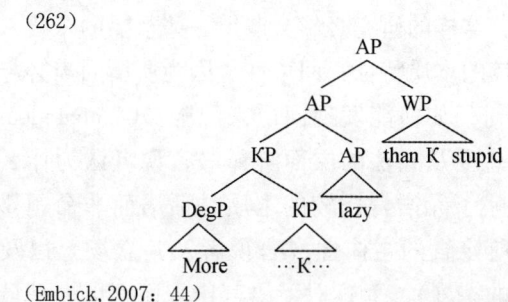

(262)

```
              AP
             /  \
            AP   WP
           /  \   \
          KP   AP  than K stupid
         /  \   \
       DegP  KP  lazy
        |    |
       More ···K···
```

(Embick, 2007: 44)

他认为元语言比较含有一个无声的副词性成分（silent adverbial element）：K。这一成分表示"恰当性"（appropriateness）。由于K插入Deg和A之间，副词性比较成分（more）实际上并不紧靠着形容词（lazy），因此元语言比较的句法形式受到制约，more与lazy不会融合成为lazier。

Giannakidou则通过论述元语言比较在希腊语中的专门词汇形式para的句法表现，试图论证元语言比较是句子层面上的状语成分，元语言比较是将两个命题的恰当性进行比较，恰当性被定义为等级性命题态度，或者是认知态度。

以往的研究存在着一定缺陷。首先，他们提出的假设解释力有限，正如我们前文所述元语言比较的形式跨越许多词类，远不止形容词比较，Embick的句法结构只涵盖了形容词性比较；并且只从句法角度解释了元语言比较的句法特点，无法解释元语言比较能不受词类制约，以及其他语义上的特殊性，更不用说对这些特征作出统一解释了。

其次，表面看来，Embick的元语言比较句法结构似乎解释了为什么元语言比较无法与比较词缀融合的原因。但是从（262）的句法树我们不难看出，Embick其实还是竭力要将元语言比较纳入形容词等级比较的藩篱——只不过此处的形容词成分受到K的修饰。照其观点，元语言比较和等级比较至少在句法上没有什么本质区别，这显然不符合实情。另外，所谓无声的副词性成分K（恰当性）的身份极为模糊。什么是"恰当性"？尽管Giannakidou & Stavrou提出了等级性和命题态度这一说法，但是对元语言比较的语义描述是极其笼统的：等级性和命题态度之间的关系如何并未有什么细节的描述。无论Embick还是Giannakidou & Stavrou，对他们理论中的关键性概念都没有给出清晰的语义描述，比起给出单纯的句法描述来，要清楚定义"恰当性"似乎不太容易。

再次，以往的研究，其元语言比较句都是剥离了自然语言语境的为了研究而杜撰出来的孤立句子，这样的研究必然会漏掉一些重要的东西，其中就有我们认为的元语言比较的本质特征：回声性。因为所谓回声必定要有回声的来源，研究孤立的句子如何能发现回声来源呢？Giannakidou & Stavrou等人的研究实际上是想要从句法的层面解释"言说者认为什么恰当"这一语用因素。他们忽略了元语言比较的本质是话语而非命题，因而必然会忽略掉回声性话语所隐含的主体性（言说者及其立场）以及主体间性（言说者对另一话语的态度），而这对元语言比较而言恰恰是最为关键的。

最后，他们的研究只是提出了某种理论假设，并没有得到证明。而我们的研究除了提出元语言比较具有回声性这一本质特征之外，还试图对其进行验证。

第四节　元语言比较的本质

一　回声性

我们认为元语言比较的本质是比较辖域中存在回声性内容（Sperber & Wilson, 1995；赵旻燕，2010）。Sperber & Wilson（1995）区分了语言的阐释性用法和描述性用法，并且提出了他们的回声理论。在他们看来言语和思想都是表征，都可以用来表达一个命题。任何命题形式的表征，尤其是言语，都有两种方式。一种是因其命题形式符合某事态而用来表征此事态，这是对世界状态的描述，是表征的描述性用法。此外，言语也能够用于表征与其内容相似的任何表征（表征的表征，元表征），可以表征公共表征（诸如另一句言语），也可以表征心理表征（如想法）。这种类型的表征——以相似性为特点的表征，被称为阐释性表征。而回声性言语是对一个有归属的思想或言语的阐释性表征。当某一话语表征别人所说或所想并且对此表达某种态度时，它就是回声性用法。例如"那个金鱼眼的女人是我老婆"，这句话可能是对世界上某一事态的描述，但是在一定的语境中，可能是回声性用法，用来唤起先前的言语或将某一想法或观点归属于某人，并表达某种态度。在下面这一语境中就是一般的描述性话语。

（264）B：那个金鱼眼的女人是我老婆。（B在向A介绍不远处他的妻子）

此时，限定摹状词"那个金鱼眼的女人"是描述性的（陈述那个长金鱼眼女人的身份：是"我"老婆），从语篇的角度讲是新信息。但同一句话在下面这一语境中，就是回声性用法。

（265）（A和B是同事，但是A不认识B的妻子。）

A：我们的新老板是个长了双金鱼眼的女人。

B：那个"金鱼眼的女人"是我老婆。

（265）中 B 重复了 A 的话"金鱼眼的女人"，是对 A 所说的引用，B 借此对 A 所言表达了不满的态度，B 的话是回声性话语。这种回声不一定非得是逐字逐句的重复。它们可以是相似的表征（representation by resemblance）（Wilson & Sperber, 1995）。例如，B 能够这样回复 A 的言语：那个"大泡眼的女人"是我老婆，或者那个"眼球突出的女人"是我老婆，此时"金鱼眼"与"大泡眼"、"眼球突出"构成相似关系。回声性话语也不一定非得是某一有确定归属的话语：它也可能归属于某一类人的想法，或者人们普遍的看法（Sperber & Wilson, 1995：238）。假设有人不断催我，我说：

（266）心急吃不了热豆腐。

显然这句话不是描述性的，而是对老话的引用，并且在当前语境中，这句老话充满智慧。这句话并非归属于某一特定的说话者，老话流传至今显然是因为它为很多人接受，并传承下来，因此，这句话归属于一般人的普遍想法。

我们认为元语言比较正是一种回声性言语。以（267）为例，此句完整语篇如下：

（267）LUKE：He is still a man. There's still good in him.

BEN：… He is more machine now than man. Twisted and evil.（电影《星球大战：绝地归来》）

此处元语言比较句"He is more machine now than man"出现在 BEN 所说的话中，元语言比较辖域中的回声性话语"man"并非是描述某种事态（并非在描述"he"），而是对 LUKE 话语的阐释性表征，回复（echo）了先行的 LUKE 的话语"He is still a man"。这一回声性话语将包含了 LUKE 观点的话语引入 BEN 的语篇中，通过这一回声性话语，BEN 表达自己对 LUKE 观点的看法：在当前语境中说"他"是 machine（twisted and evil) 比说"他"是 man (good) 更为恰当。

既然回声性话语是对先行的有归属的话语表达某种态度,那么在语篇上,回声性话语就存在回声来源;其次回声性话语在形式上可能存在着标记。回声性话语的这些特征在元语言比较中都会有所体现,下文验证元语言比较回声性时将会详细论述。

二 元语言比较特殊性的回声性解释

前文提到的元语言比较的句法形态、语义等特征都可以用回声性来解释。

(一) 句法形态特征的回声性解释

回声话语能定义为对他人话语部分或全部重复。其广泛的交际用途表明,它们自成一个类别。作为一种起到元语言用途的语言形式,回声话语能够像直接引语那样将他人言语引入发话者自己的语篇,由此表达发话者对他人言语的态度 (Yamaguchi, 1994)。回声性话语处在"不同于句子其他部分的层面"上 (Horn, 1989),更确切地说,回声内容如同在引号中,与引语(回声)外的其他部分隔开了。我们可以把例(246)例(247)中隐性的引号显示出来:

(268) a. George is more "dumb" than "crazy".
　　　 b. *George is dumber than crazy.
(269) a. Dick is more "crazy" than "dumb".
　　　 b. *Dick is crazier than dumb.

由于被引号隔离出来,"dumb"和"crazy"无法同比较词缀"-er"融合就不难解释了。也正是由于这个隐性的引号的存在,使得比较词汇"more"不再紧贴形容词(或副词),可以自由浮动。

(二) 跨词类特征的回声性解释

元语言比较中的回声性内容在句法上相当于引语,不管引号内部是什么成分,其句法地位都是相同的。因此是否为形容词或副词,是否具有等级性已经不再重要了,这就解释了为何元语言比较可以使用不具有等级意义的词汇,可以不限于形容词副词比较,甚至可以跨词类比较。

(三) 语义特征的回声性解释

由于回声本质上是话语而非命题，必然牵涉到主体态度：反对、赞成或者不同程度的偏好，因此回声性话语实际上一定会涉及言者态度（或肯定或否定）。例如反讽是对回声来源话语表示否定不满等态度（Wilson & Sperber, 1992），元语言否定是对先行话语（回声来源）表示反对（赵旻燕，2010，2011）。元语言比较也不例外，只不过言者对某一话语的态度不是彻底的明确的反对，而是某种程度的否定，取而代之的是对另一话语某种程度的偏好。可见回声性话语，也就是 Sperber & Wilson 所说的有归属的言语或想法，实际上暗含了完整的具有独立立场判断的话语。因此例（254）实际上含有"Clyde is tall"和"Clyde is ugly"两种价值判断。而说话者更偏好前者，认为前者更适合当前语境。因此我们可以从说话者的态度——某种程度上肯定"Clyde is tall"否定"Clyde is ugly"推导出隐含的含义"Clyde is tall"。

(四) 类型学特征的回声性解释

阐释性语言（回声性话语）与描述性语言有着本质的区别。因此元语言比较尽管在英语中同一般性等级比较共享同一个语言形式"more…than…"，在其他语言中这两种不同的意义很有可能被编码为不同的词汇。就如"正确"和"右边"这两种不同的意义在英语中共享"right"这一形式外壳，但在汉语中则编码为两个不同的词语"正确"和"右边"，在日语中则是"tadasii"和"migigawa"。元语言比较的回声性使它在意义上区别于一般等级比较，因此在其他英语之外的语言中有可能编码为不同于一般性等级比较的词汇。

第五节 元语言比较回声性的证据

一 回声性的语篇证据

所谓回声性话语，是对某一有归属的话语（或想法）的表征，这表明回声性话语要以回声来源的存在为前提。因此，我们可以大胆的假设，在完整的自然语篇中，如果存在回声性话语，我们一定也可以发现回声来源。例（267）很好地证明了这一点。

回声性话语可以回应某人说过的话，在元语言比较中，回声来源最为常见、最易理解和接受的，自然是那些有着具体确定归属、或者说有明确的言说者的先行话语。(267) 就是这类。但是回声来源不一定非得是某一有确定归属的话语：它也可能归属于某一类人的想法，或者说人们普遍的看法（Sperber & Wilson, 1995: 238）。如例（270）：

(270) Paploo sails through the trees, more lucky than in control. It's scary, but he loves it. （电影剧本《星球大战：绝地归来》）

此例中元语言比较辖域中的回声性话语"in control"没有明显的直接的先行回声来源。实际上剧本作者将这一话语归属于人们普遍的看法：人们普遍都会认为通常情况下驾驶交通工具时，交通工具是受到控制的。通过这一元语言比较句，作者认为Paploo驾驶火箭船的状态不是人们通常想的那样，而是靠运气。

与元语言比较相对的（271）是普通等级比较则情况完全两样。

(271) It's not actually a box. It's, you know, a private section. It's more comfortable than upper deck. You wanna go? （电影《当幸福来敲门》）

例（271）中比较句描写了观看比赛时包厢比露台舒服，是对事态的描述，比较词汇"more…than…"辖域中的内容完全是新信息，其上下文不存在可以构成回声来源的先行语篇。

回声性话语以回声来源的存在为前提，如果元语言比较真的具有回声性的话，那么其典型的语篇特征就应该是回声来源和回声成对出现。在现实、自然的语篇中，元语言比较句作为对回声来源的评价，不会孤立出现，应该会与回声来源句子共现。如果语篇中没有回声来源存在而只有元语言比较句，将会非常突兀、不自然，除非回声来源是人们普遍认同的观点（如（270））。与之相反，普通等级比较因为描述事物的性状，因而可以是新的信息，不需要先行的语篇。我们认为如果不把元语言比较句从语篇中孤立开来，在自然完整的语篇中应该会发现元语言比较的回声来源。因此我们以英文小说《简·爱》为语料，以"more…than…"为检索词，进行检索。共检索到109句比较句，其中元语言比较句子11句。尽管元语言比较句数量有限，但是已经颇能说明问题。

在这些元语言比较句的语境中，我们都发现了回声来源。其中大部分（9句）在上下文中可以找到现成的话语作为回声来源。虽然没有找到（272）这样直接的重复：

（272）A：it's warm today.
B：it's not warm; it's hot.

但更多的是通过近似的意义而形成的回声，例如：

（273）No, ——I exaggerate; I never thought there was any consecrating virtue about her: it was more a sort of pastille perfume she had left; a scent of musk and amber, than an odour of sanctity.

尽管"sanctity"并非对"consecrating"直接重复，但两者意思相近，形成阐释性相似关系。

我们对剩下的两句没有明显回声来源的元语言比较句的前后文进行研究，也都发现了隐含回声来源，只是这种回声来源并非某一现成的先行话语，而是前文提到的某种人们普遍的想法，例如：

（274）Sometimes, when the day was very unfavourable, his sisters would expostulate. He would then say, with a peculiar smile, more solemn than cheerful.

此处隐含的回声来源——人们一般都会认为笑（smile）是开心的（cheerful）。自然语篇中元语言比较句总是和回声来源共现并非偶然，是元语言比较回声性的有力证据。

二 回声性的跨语言证据

回声性用法的归属作用可以是显性的（有明显的语言编码，如言说动词"说"、引号等）也可以是隐性的（无明显的标记，需要推断出来）。英语中元语言比较大多是隐性回声性的，因为从表面形式来看，英语元语言比较句和普通等级比较句没有什么差别，并没有明显的语言标记来提醒我们其回声性（当然也有个别例外的，但也仅止于用引号来标示其回声性）。虽然英语中没有明确的语言标记来标示元语言比较的回声性，但并不表示英语之外的其他语言中都不存在。实际上，我们发现在日语、韩语和汉语中，元语言比较句都含有言说动词。例如日语表示一般等级比较的词是"yori"：

(275) Taroo – wa　sensei – yori　takuyi – da.
太郎 – TOP　老师 – 比　高 – DECL
（太郎比老师高。）

但是日语元语言比较句必须包含言说动词"iu"：

(276) Taroo – wa　sensei – to　iu – yori　gakusya – da.
太郎 – TOP　老师 – 作为　说 – 比　学者 – DECL
（太郎与其说是老师不如说是学者。）

例(276)如果没有言说动词"iu"就是不合法的句子。

(277) *Taroo – wa　sensei　yori　gakusya – da.
太郎 – TOP　老师　比　学者 – DECL

韩语一般比较句的比较词是"pota"，

(278) Kim – i　Lee – pota　(te)　ku – ta
金 – NM　李 – 比　（更）　高 – DECL
（金比李更高。）

但是韩语元语言比较则必须用"kipota"：

(279) Kim – un　enehakca – la – kipota　chelhakca – ita.
金 – TOP　语言学家 – DECL – 说　比　哲学家 – DECL
（金与其说是语言学家不如说是哲学家。）

(280) *Kim – un enehakca – la – pota chelhakca – ita.
金 – TOP 语言学家 – DECL – 比 哲学家 – DECL

[TOP：话题；NM：主格；DECL：陈述]

用于元语言比较的"kipota"中"ki"可解释为"说"。无独有偶，汉语中元语言比较也必须含有言说动词"说"，例如：

(281) 她与其说是老师不如说是学者。

如果省去言说动词，句子就有问题：

(282) *她与其是老师，不如是学者。

上述三种语言中的元语言比较都含有言说动词，这使得元语言比较的回声性有了跨语言的证据。

第六节　小结

元语言比较和一般等级比较的本质差别在于前者辖域中包含回声性成分（Sperber & Wilson 1995；Carston, 1996）。这种对有着特定归属的话语的表征（元表征）涉及主体间性（intersubjectivity），因为回声性话语其实是一种"双声语"或者"具有双重指向的话语"（巴赫金，1988：256），即包含"两种意识、两种观点、两种评价"（一种归属于回声，一种归属于回声来源），"包含着一个必不可少的因素，就是对待他人话语的态度"。(他人话语即回声来源，详见赵旻燕（2010a））。回声性话语也出现在元语言否定中（Horn, 1985；赵旻燕，2011），只是元语言否定是言者对先行话语明确表示否定态度，而元语言比较是言者在当前话语和先行话语之间进行比较，认为当前话语更可取，表达的是一种更为温和的态度。同元语言比较一样，元语言否定在句法、语义上也有特殊表现，并且在英语之外的其他语言中也具有某种程度的词汇化［详见赵旻燕（2010a、2010b、2011）］。这表明自然语言的元语言功能已经不仅仅是荷恩（Horn）（1989）等人所认为的单纯的特殊语用手段，实际上这体现了主体间性在一定程度上的语法化,或者说语用因素的语法化,因为在元语言比较"more…than…"或者元语言否定"not"这些词汇中隐含了说话者对另一具有一定立场和态度的话语所持的态度和立场。我们希望能够抛砖引玉,使得此类研究的更为深入地进行下去。

第 九 章
结论和今后研究方向

元语言否定作为一种普遍存在于各种语言中的现象,却没有受到太多关注,我们有必要对这一语言现象进行系统完整的讨论。正是在这一需要之下,在元语言否定隐性回声性理论的基础上,笔者进行了这几项工作:(1) 确定元语言否定中否定算子的性质;(2) 在确定否定辖域内容的性质的同时进一步进行修正和扩充,以期对元语言否定中回声性内容有一个更为深入全面的认识;(3) 对元语言否定的解读模式进行考察。

本章为全文的总结部分,在总结目前研究主要发现的基础之上,对本研究的不足和有待进一步探讨的地方进行了讨论,推荐了一些值得今后深入研究的课题,希望可以唤起别的研究者共同探讨的兴趣。

第一节 本书的主要发现

一 元语言否定算子性质的主要发现

对于否定算子的性质学界一直以来都有争议。有人认为在英语之外的语言中存在元语言否定的形式标记,以此证明荷恩(Horn)元语言否定歧义观点。笔者对四种所谓存在元语言否定标记的语言——汉语、韩语、阿拉伯语、希腊语——进行考察,发现跨语言的共同模式:这些所谓的元语言否定标记,不过是带上了某些常见的语用功能标记,如焦点标记、对比标记、元表征标记而已。这些语用标记并非元语言否定独有,但是有助于元语言否定的解读,因而成为元语言否定所青睐的形式,但并不能因此就将这些语言形式等同于元语言否定本身的标记。由此可见,所谓的元语言否定标记非但无法证明荷恩(Horn)的观点,反而支持了卡斯顿(Carston)的看法:元语言否定的否定算子在性质上和描述性否定没什么两样,是真值函数性质的。

二 元语言否定算子辖域内容的主要发现

元语言否定和描述性否定的区别性特征在于否定辖域内容的性质：前者为回声性内容，或者说元表征内容，是对表征的表征；后者是描述性内容，是对世界事态的表征。通过描述性内容，发话者希望受话者注意话语的正常外延，通过元语言否定中回声性内容，发话者希望受话者注意其正常外延之外的内容。元语言否定涉及图形/背景扭转，在此过程中原本未受注意的背景内容凸显为图形，受到否定，原本的图形隐入背景。

三 元语言否定解读模式的主要发现

元语言否定的解读过程以其辨识为开端，通过具体涵义的确定最终取得某种语用效果。元语言否定的解读受到语境的制约，在语境的引导下进行，由于语境参与程度和语境力度不同，元语言否定的辨识呈现出三种典型情况：极易解读、较难解读和解读失败。元语言否定的过程语义是提醒受话者先行话语有问题，以促使受话者进行溯因推理，寻找适当调整认知语境的方式。元语言否定句具体针对先行话语中哪一层内容，即元语言否定的具体涵义的确定，通过和修正句的对比获得。元语言否定能够达到勘误、幽默、强调、转变话语权、团结"圈内人"等功效。

第二节 本书的创新点和不足

1. 以往讨论元语言否定的性质都是在某一种语言中，从概念到概念的讨论，这使得以往的研究缺乏说服力。仅靠单一语言的发掘，很难洞悉元语言否定的共性、本质，因此有必要通过跨语言的观察、比较，来获得对元语言否定的认识。笔者试图从跨语言的角度对元语言否定中否定算子的性质进行研究和探讨，这也是本书的一个独到之处。元语言否定所呈现出的跨语言的共性使我们对其本质有了更深刻的了解。

2. 尽管卡斯顿（Carston）的回声理论是元语言否定研究取得的一个突破性进展，但是卡斯顿（Carston）对于她自己提出的这一观点没有什么深入细致的刻画，以至于遗留了一些无法解决的问题：如元语言否定是否具有统一机制？如何解释元语言否定边缘例子？真值条件内容否定是否也能作元语言否定解读？等等。而通过对卡斯顿（Carston）理论的修正和补充，这些问题都得到了妥善解决。笔者的研究还原了元语言否定在实际交际中的动态样貌，对回声的来源进行了刻画；揭示了元语言否定本质当中包含的交际者意图和语境因素以及交际者意图、语境在元语言否定意义构建中的关键作用；从认知的层面揭示了元语言否定的特征：背景前景化或者说图形—背景的扭转。笔者的研究是对卡斯顿（Carston）的修正与补充。

3. 在本研究之前，元语言否定的解读只有一些零散的现象描述，并且对其解读过程的描述也是片面的。元语言否定一度被认为需要二次解读，这也成为 Horn 等人所认为的元语言否定的本质特征，而笔者认为元语言否定解读要受到语境的调控。因此，笔者在刻画元语言否定语境的基础上，提出了元语言否定的辨识模式，对其解读过程、语用功能等也进行全面详尽的探讨。

本书的不足之处也是显而易见的：

1. 元语言否定现象不是特别多见，增加了笔者语料收集的难度。本书所用语料尽量采用自然语言语料，但是语料的数量和范围上还有待改善。我们今后可以建一个元语言否定的语料库，以方便这项研究。

2. 笔者提出的元语言否定解读模式有待进一步的实证材料的支持。例如，元语言否定解读中语境的作用，解读的难易度等假设还需要实验支持。

3. 本研究尽管初步涉及了元语言否定的语用效果，但是这些语用效果在交际中的实现情况，需要对动态交际中元语言否定话语的应答方式进行考察，本研究尚未在这一方面深入下去。

第三节 今后研究展望

1. 元语言否定的回声理论涉及一个高阶的元表征能力（Winner、Leekam，1991；McDonald，2000），要理解回声话语我们得明白发话者所想并非直接指向世界事态，而是关于某个他认为有归属的思想或言语。这种涉及元表征能力的话语有其神经心理基础，并且得到了实验室研究证明（Tompkins、Mateer，1985；Brownell、Carroll、Rehak，et al.，1992；McDonald、Pearce，1996；McDonald，1999）。在对同样是回声性言语的反讽研究中，人们发现，儿童、脑损伤者及神经发展异常者（神经分裂症、孤独症等患者）这些人群不具备正常的高阶心理能力，因而在反讽话语的理解上存在困难（张萌、张积家，2007）。如果元语言否定也涉及高阶心理能力，那么也应该具有相类似表现，但是迄今为止尚无此类研究，我想元语言否定研究今后一个比较重要的方向可以从这一角度进行。

2. 要考察元语言否定在自然语境下的语用效果，自然就涉及对动态交际中元语言否定话语的应答方式的考察。元语言否定话语的应答方式能够在一定程度上反映受话者对元语言否定的理解及感受。换句话说，元语言否定话语对听话者所产生的语用效果，判断元语言否定能否让受话者意识到先行话语中的错误之处，能否引人发笑、能否让人感到惊讶、判断该话语的友好程度、是否会对话语理解造成难度，都可以在听话者对该话语的应答方式上得到一定的体现。这是目前研究没有涉及的，今后的研究可以朝着这一方向努力。

3. 元语言否定一个基本的功能就是语言的纠偏和勘误。因此我们可以以元语言否定为切入点，对语言课堂上的教师用语模式，如对教师课堂上元语言否定使用的频率、类型分布以及学生接受情况等进行研究。另外，元语言否定也经常出现在儿童的言语中，我们可以研究儿童使用元语言否定话语的心理动因。在此，我先做一个大胆的猜测。这可能与幼儿发展经历语言敏感期和秩序敏感期有关。婴儿开始注视大人说话的嘴形，并发出牙牙学语声时，就开始了他的语言敏感期。学习语言对成人来说是件困难的工程，但幼儿能容易的学会母语，正是因为幼儿具有自然所赋予的语言敏感力。另外确定"对秩序的要求"是幼儿极为明显的一种敏感力。孩子需要一个有秩序的环境来帮助他认识事物、熟悉环境。一旦他所熟悉的环境消失，就会令他无所适从。幼儿的秩序敏感力常表现在对顺序性、生活习惯、所有物的要求上，蒙台梭利认为如果成人未能提供一个有序的环境，儿童便"没有一个基础以建立起对各种关系的知觉"。（玛丽亚·蒙台梭利，2007）只有当孩子从环境里逐步建立起内在秩序时，其智能才能因此而逐步建构。这种内在的秩序感自然也包括对语言秩序的敏感力。因此，笔者斗胆假设，儿童的这种对于语言的近乎苛刻的斤斤计较，是否也是对于语言的秩序的敏感性使然。元语言否定研究也可以朝着儿童语言发展这方面做下去。

4. 元语言否定目前的研究处于垦荒的初始阶段：研究领域未得到开拓，所用研究手段也不多，并且不成熟。这跟目前一些如隐喻、反讽等成熟的研究相差太远了。后者的研究已经深入到了神经机制研究，运用病理学和电生理学等研究方法（王小潞，2007：13）。所以说元语言否定研究还有很多空白等我们去填补。

参考文献

［英］奥格登·查尔斯·凯、［英］理查兹·艾威·阿姆斯特朗：《意义之意义：关于语言对思维的影响及记号使用理论科学的研究》，白人立、国庆祝译，北京师范大学出版 2000 年版。

［丹］奥托·叶斯柏森·《语法哲学》，何勇等译，语文出版社 1988 年版。

［苏］巴赫金：《陀思妥耶夫斯基诗学问题》，白春仁、顾亚铃译，生活·读书·新知三联书店 1988 年版。

［苏］巴赫金：《巴赫金全集第二卷》，钱中文主编、晓河等译，河北教育出版社 1998 年版。

曹合建、林汝昌：《体势语在确立话语意义中的作用及其类别划分》，《现代外语》1993 年第 4 期。

陈嘉映：《语言哲学》，北京大学出版社 2003 年版。

陈明远：《语言学和现代科学》，四川人民出版社 1984 年版。

杜国东：《试论元语言否定》，《吉林大学》，2007（硕士学位论文）。

董小英：《再登巴比伦塔》，生活·读书·新知三联书店 1994 年版。

董秀芳：《"不"与所修饰的中心词的粘合现象》，载于《当代语言学》，2003 年第 1 期。

封宗信：《元语言与外语教学》，《外语与外语教学》，2005a 年第 9 期。

封宗信：《语言学的元语言及其研究现状》，《外语教学与研究》2005b 年第 6 期。

［德］弗雷格：《弗雷格哲学论著选辑》，王路译，商务印书馆 2001 年版。

高航：《元语言否定的认知语用分析》，《四川外语学院学报》2003 年第 2 期。

何春燕：《语用否定的类型和使用动机》，《解放军外国语学院学报》2002 年第 3 期。

何兆熊:《新编语用学概要》,上海外语教育出版社2000年版。

何自然:《语用学与英语学习》,上海外语教育出版社。

何自然、冉永平:《语用与认知:关联理论研究》,外语教学与研究出版社2001年版。

胡壮麟:《对中国英语教育的若干思考》,《外语研究》2002年第3期。

黄斌:《语言逻辑哲学——难题与解析》,重庆出版社1999年版。

黄斌:《破解说谎者悖论》,《西南大学学报》(社会科学版)2009年第2期。

黄喜宏:《"什么"的否定用法研究》,《上海师范大学》2008年版。

贾玉新:《跨文化交际学》,上海外语教育出版社1997年版。

姜宏:《现代俄语中的元语否定》,《中国俄语教学》1997年第4期。

[美]卡特琳娜·克拉克、[美]迈克尔·霍奎斯特:《米哈伊尔·巴赫金》,语冰译,中国人民大学出版社1992年版。

康天峰:《元语否定的制约条件》,《洛阳师范学院学报》2004年第1期。

孔庆成:《元语否定的类型》,《外国语》1995年第4期。

李宝伦、潘海华:《焦点与"不"字句之语义解释》,《现代外语》1999年第2期。

梁晓波:《否定的认知分析》,《外语研究》2004年第5期。

梁晓波:《否定的语用认知分析》,《外国语言文学研究》2005年第3期。

梁锦祥:《元语言否定的否定对象》,《外语学刊》2000年第3期。

刘福长:《语言学中的"对象语言"和"元语言"》,《现代外语》1989年第3期。

刘国辉:《图形—背景空间概念及其在语言中的隐喻性表征》《外语研究》,2006年第2期。

刘乃实:《先设和元语否定》,《外语学刊》2004年第3期。

刘鑫民:《焦点、焦点的分布和焦点化》,《宁夏大学学报》(社会科学版)1995年第1期。

吕叔湘:《汉语语法论文集》,商务印书馆1999年版。

[意]玛丽亚·蒙台梭利:《儿童之家(蒙台梭利早期教育方法与训练指南纪念版)》,洪友、李艳芳译,天津社会科学院出版社2007年版。

[美]欧文·洛克:《知觉之谜》,武夷山译,科学技术文献出版社1989年版。

钱敏汝：《否定载体"不"的语义——语法考察》，《中国语文》1990 年第 1 期。
冉永平：《元表征结构及其理解》，《外语与外语教学》2002 年第 4 期。
冉永平：《认知语用学：诠释与思考》，辛斌，严世清：《当代语用学理论与分析》2003 年。
沈家煊：《"语用否定"考察》，《中国语文》1993 年第 5 期。
沈家煊：《不对称和标记论》，江西教育出版社 1999 年版。
史金生：《语用疑问句》，《世界汉语教学》1995 年第 2 期。
石毓智：《语法的认知语义基础》，江西教育出版社 2000 年版。
石毓智：《判断、焦点、强调与对比关系——"是"的语法功能和使用条件》，《语言研究》2005 年第 4 期。
宋冬冬：《元语言否定的认知语用分析》，《河北师范大学》2007 年版。
宋铁民：《元语言否定的认知语用分析》，《河北师范大学》2005 年版。
王铭玉：《对皮尔斯符号思想的语言学阐释》，《解放军外语学院学报》1998 年第 6 期。
王小潞：《汉语隐喻认知的神经机制研究》，《浙江大学》2007 年版。
［英］威廉·涅尔、［英］玛莎·涅尔：《逻辑学的发展》，商务出版社 1985 年版。
文旭：《图形—背景的现实化》，《外国语》2003 年第 4 期。
文旭、刘先清：《英语倒装句的图形—背景论分析》，《外语教学与研究》2004 年第 6 期。
席建国、韦红：《英汉语用和语义否定句的机理研究》，《山东师大外国语学院学报》2002 年第 1 期。
辛斌：《引语研究理论与问题》，《外语与外语教学》2009 年第 1 期。
熊学亮：《认知语用学概论》，上海外语教育出版社 1999 年版。
熊学亮：《单向语境推导初探（上）》，《现代外语》1996a 年第 2 期。
熊学亮：《单向语境推导初探（下）》，《现代外语》1996b 年第 3 期。
徐盛桓：《新格赖斯会话含意理论和含意否定》，《外语教学与研究》1994 年第 4 期。
徐盛桓：《句法研究的认知语言学视野》，《外语与外语教学》2005 年第 4 期。
徐盛桓：《"成都小吃团"的认知解读》，《外国语》2006a 年第 2 期。

徐盛桓：《相邻与补足——成语形成的认知研究之一》，《四川外语学院学报》2006 b 年第 2 期。

杨先顺：《语用否定的逻辑分析》，《自然辩证法研究》2005 年第 1 期。

袁毓林：《句子的焦点结构及其对语义解释的影响》，《当代语言》2003 年第 4 期。

[英] 约翰·甘柏兹：《会话策略》，徐大明，高海洋译，社会科学文献出版社 2001 年第 4 期。

张和友：《差比句否定形式的语义特征及其语用解释》，《汉语学习》2002 年第 5 期。

张克定：《汉语语用否定的限制条件》，《河南大学学报（社会科学版）》1999 年第 39 期。

张迪：《英汉元语言否定对比刍议》，《山西师大学报（社会科学版）》1996 年第 1 期。

张萌、张积家：《反语认知的神经—心理机制研究及其进展》，《心理科学》2007 年第 4 期。

张楠：《元语否定的认知分析》，《西南大学》2007 年，硕士学位论文。

张权、李娟：《默认语义学对语义学、语用学界面的研究及其评价》，《外国语》2006 年第 1 期。

张凤娟：《从图形—背景论诠释非言语行为的认知功能》，《中国外语》2007 年第 1 期。

赵虹：《言语反讽的关联理论研究》，山东大学出版社 2007 年版。

赵旻燕：《汉语元语否定制约》，《华中科技大学学报》2007 年第 6 期。

赵旻燕：《元语言否定的认知语用研究》，《浙江大学》2010a（博士学位论文）。

赵旻燕：《元语否定歧义说商榷》，《东北师范大学学报》（哲学社科版）2010b 年第 5 期。

赵旻燕：《韩汉"元语言否定标记"研究》，《解放军外国语学院学报》2010c 年第 5 期。

赵旻燕：《元语否定真值函数性质的跨语言研究》，《外国语》2011 年第 2 期。

赵旻燕：《元语比较的回声性研究》，《天津外国语大学学报》2013 年第 1 期。

赵艳芳:《认知语言学概论》,上海外语教育出版社 2001 年版。

周蓉:《疑问代词"什么"各用法之间的关系新探》,《语文学刊》2007 年第 7 期。

祝畹瑾:《社会语言学概论》,湖南教育出版社 1992 年版。

Amit Bajaj, BarbaraHodson, Marlene Schommer-Aikins, Performance on Phonological and Grammatical Awareness Metalinguistic Tasks by Children Who Stutter and Their Fluent Peers [J]. *Journal of Fluency Disorders*, 2004 (29): 63 – 77

Biq, Yung-O., Metalinguistic Negation in Mandarin [J]. *Journal of Chinese Linguistics*, 1989 (17): 75 – 94.

Blakemore, D., *Semantic Constraints on Relevance* [M]. Oxford: Blackwell, 1987.

Blosser, P., Principles of Gestalt Psychology and Their Application to Teaching Junior High School Science [J]. *Science Education*, 1973 (57): 43 – 53

Brownell H. H., Carroll J. J., Rehak A., et al. The Use of Pronoun Anaphor Comprehension and Other Figurative Language [J]. *Brain and Language*, 1992 (43): 121 – 147

Brustad, Kristen., *The Syntax of Spoken Arabic: A Comparative Study of Moroccan, Egyptian, Syrian, and Kuwaiti Dialects* [M]. Washington: Georgetown University Press, 2000.

Burton-Roberts, N., On Horn's Dilemma: Presupposition and Negation [J]. *Journal of Linguistics*, 1989 a, (25): 95 – 125.

Burton-Roberts, N., *The Limits to Debate* [M]. Cambridge: Cambridge University Press, 1989 b.

Burton-Roberts, N., Presupposition-Cancellation and Metalinguistic Negation: a Reply to Carston [J]. *Journal of Linguistics*, 1999 (35): 347 – 364.

Bussmann, Hadumod., *Routledge Dictionary of Language and Linguistics* [M]. 外语教学与研究出版社, 2000.

Carston, R. Implicature, Explicature and Truth—Theoretic Semantics [A]. In: R. Kempson, ed., *Mental representations: The Interface Between Language and Reality* [C]. Cambridge: Cambridge University Press, 1988:

155 – 181

Carston, R. Metalinguistic Negation and Echoic Use [J]. *Journal of Pragmatics*, 1996a, (25): 309 – 330.

Carston, R. & Eun-Ju Noh. A Truth—Functional Account of Meatlinguistic Negation, with Evidence from Korean [J]. *Language Science*, 1996b (18): 485 – 504.

Carston, R. Negation, 'Presupposition', and the Semantic/Pragmatics Distinction [J]. *Journal of Linguistics*, 1998 (34): 309 – 350.

Carston, R. Negation, "Presupposition" and Metarepresentation: a Response to Noel Burton-Roberts [J]. *Journal of Linguistics*, 1999 (35): 365 – 389.

Chapman, Siobhan. Metalinguistic Negation, Sentences and Utterances [J]. *Newcastle and Durham Working Papers in Linguistics*, 1993 (1): 74 – 94.

Chapman, Siobhan. Metalinguistic Negation, Sentences and Utterances [J]. *Newcastle and Durham Working Papers in Linguistics*, 1996 (1): 74 – 94.

Cinque, G. *Adverbs and Functional Heads: A Cross-Linguistic Perspective* [M]. New York and Oxford: Oxford University Press, 1999.

Croft W. & A. D. Cruse. *Cognitive Linguistics* [M]. Cambridge: Cambridge University Press, 2004.

Coulson, S. & Federmeier, K. D. *Words in Context: ERPs and the Lexical/Post Lexical Distinction.* www.cogsci.ucsd.edu/~coulson/jpr.htm. 2001

Davis, Hayley G. & Taylor, Tabolt J. (eds.) *Rethinking Linguistics* [C]. London & New York: Routledge Curzon, 2003.

Dews S, Winner E, Kaplan J, Rosenblatt E. Children's Understanding of the Meaning and Functions of Verbal Irony [J]. *Child Development*, 1996 (67): 3071 – 3085.

Dews, S. & Winner, E. ObligatoryProcessing of Literal and Non-literal Meaning in Verbal Irony [J]. *Journal of Pragmatics*, 1999 (31): 1579 – 1599.

Fauconnier, G. *Mental Spaces: Aspects of Meaning Construction in Natural Language* [M]. Cambridge: Cambridge University Press, 1985/1994.

Fauconnier, G. *Mappings in Thought and Language* [M]. Cambridge: Cambridge University Press, 1997.

Fillmore, C. Scenes-and-Frames Semantics [A]. In AZampolli (ed.) *Linguistic Structure Processing* [C]. Amsterdam: North Holland, 1977: 55 – 81.

Foolen, Ad. *Metalinguistic Negation and Pragmatic Ambiguity: Some Comments on A Proposal by Laurence Horn*, 1991.

http://elanguage.net/journals/index.php/pragmatics/article/view/350/281

Gazdar, G. *Pragmatics* [M]. New York: Academic Press, 1979.

Geurts, Bart. The Mechanisms of Denial [J]. *Language*, 1998 (74): 274 – 307.

Geurts, Bart. *Presuppositions and Pronouns* [M]. Elsevier, Amsterdam, 1999.

Giannakidou, Anastasia. *Polarity Sensitivity as (Non) veridical Dependency* [M]. Amsterdam and Philadelphia: John Benjamins, 1998.

Giannakidou, Anastasia & Stavrou, Melita *On Metalinguistic Comparatives and Negation in Greek*, University of Chicago & Aristotle University of Thessaloniki, giannaki@uchicago.edu, melita@hol.gr, home.uchicago.edu/~giannaki/pubs/final.para.pdf

Gibbs, R. W. Spilling theBeans on Understanding and Memory for Idioms in Conversation [J]. *Memory & Cognition*, 1980 (8): 149 – 156.

Gibbs, R. W. On the Psycholinguistics of Sarcasm [J]. *Journal of Experimental Psychology: General*, 1986 (115): 3 – 15.

Gibbs, R. W. *The Poetics of Mind* [M]. Cambridge: Cambridge University Press, 1994.

Giles, H. and P. M. Smith. Accommodation Theory: Optimal Levels of Convergence [A]. *In Giles and St. Clair, Language and Social Psychology.* [C] Oxford: Basil Blackwell, 1979: 45 – 65

Giora, R. On Irony and Negation [J]. *Discourse Processes*, 1995 (19): 239 – 264.

Giora, R. Irony and Salience [J]. *Metaphor and Symbol*, 1998 (13): 83 – 101.

Giora, R. On the Priority of Salient Meanings: Studies of Literal and Figurative Language [J]. *Journal of Pragmatics*, 1999 (31): 919 – 929.

Giora R, Zaidel E, Soroker N, et al. Differential Effects of Right-and left-hemisphere Damage on Understanding Sarcasm and Metaphor [J]. *Metaphor and Symbol*, 2000 (15): 63 – 83

Giora, R. Literal vs. Figurative Language: Different or Equal? [J]. *Journal of Pragmatics*, 2002 (34): 487 – 506.

Gluksberg, S. Understanding Metaphorical Comparisons: Beyond Similarity [J]. *Psychological Review*, 1990, 97 (1): 3 – 18.

Gumperz, J. J. *Discourse Strategies* [M]. Cambridge: Cambridge University Press, 1982

Grice, P. H. Logic and Conversation [A]. Cole, P. & Morgan, J. *Syntax and Semantics* [C]. London: Academic Press, 1975 (3): 41 – 58.

Harris, Sandra. Pragmatics and Power [J]. *Journal of Pragmatics*, 1995 (23): 117 – 135

Halliday, M. A. K. *Explorations in the Functions of Language.* (*Exploratioons in Language Study.*) [M] London: Edward Arnold, 1973.

Haber, R. &Hershenson, M. *The Psychology of Visual Perception* [M]. New York: Holt, Rinehart and Winston, 1980.

Horn, L. Metalinguistic Negation and Pragmatic Ambiguity [J]. *Language*, 1985 (61): 121 – 174

Horn, L. *A Natural History of Negation* [M]. Chicago: University of Chicago Press, 1989.

Horn, L. Showdown at Truth-value Gap: Burton-Roberts on Presupposition [J]. *Journal of Linguistics*, 1990 (26): 483 – 503.

Huang, C. – T. J. Wo pao de kuai and Chinese Phrase Structure [J]. *Language*, 1988 (64): 274 – 311.

Iwata, Seizi. Some Extensions of the Echoic Analysis of Metalinguistic Negation [J]. *Lingua*, 1998 (105): 49 – 65.

Jakobson, Roman. Concluding Statement: Linguistics and Poetics [A]. In T. Sebeok (ed.) *Style in Language* [C]. Cambridge: MIT Press, 1960: 350 – 77.

Jaszczolt, K. M. *Discourse, Beliefs, and Intentions: Semantic Defaults and Propositional Attitude Ascription* [M]. Oxford: Elsevier Science, 1999.

Jaszczolt, K. M. *Default Semantics*: *Foundations of a Compositional Theory of Acts of Communication* [M]. Oxford: Oxford University Press, 2005.

Jaworski, A., Coupland, N., and Galasinski, D. *Metalanguage*: *Social and Ideological Perspectives* [C]. Berlin; New York: Mouton de Gruyter, 2004

Jespersen, Otto. *The Philosophy of Grammar* [M]. London: Allen & Unwin, 1924.

Johnson, M. *The Body in the Mind*: *The Bodily Basis of Meaning, Imagination, and Reason* [M]. Chicago: University of Chicago Press, 1987.

Johnson, M. &Lakoff, G. Why Cognitive Linguistics Requires Embodied Realism [J]. *Cognitive Linguistics*, 2002 (13): 245 - 263.

Karttunen, L. and S. Peters. Conventional Implicature [A]. In C-K Oh and D. A. Dinneen (eds.), *Syntax and Semantics Volume 11, Presupposition* [C]. New York: Academic Press, 1979: 1 - 56

Kempson, R. Ambiguity and the Semantics-Pragmatics Distinction [A]. C. Travis, (ed.), *Meaning and Interpretation* [C]. Oxford: Blackwell, 1986: 77 - 104

Kim, D-B. Metalinguistic Negation, Neg Raising and nun in Korean [A]. Lise Dobrin, et al. (eds.) *CLS 27*: *the Parasession on Negation* [C]. Chicago: Chicago Linguistic Society, 1991: 125 - 139.

Lee, H. - S., A Discourse-pragmatic Analysis of the Committal -*ci* in Korean: A Synthetic Approach to the Form-meaning Relation [J], *Journal of Pragmatics*, 1999 (31): 243 - 275

Lakoff, G. & M. Johnson. *Metaphors We Live By* [M]. Chicago: University of Chicago Press, 1980

Lakoff, G. *Women, Fire and Dangerous Things* [M]. Chicago: University of Chicago Press, 1987

Lakoff, G. Cognitive Semantics [A]. U. Eco. M. Santambrogio & P. Violi, (eds.) *Meaning and Mental Representation* [C], In.: Indiana University Press, 1988: 119 - 154

Lyons, John. *Language and Linguistics* [M]. Cambridge and New York: Cambridge University Press, 1981.

Langacker, R. W. *Foundations of Cognitive Grammar*, *Vol. 1* [M]. California: StanfordUniversity Press, 1987.

Langacker, R. Reference Point Constructions [J]. *Cognitive Linguistics*, 1993 (4): 1-38

Lucy, J. A. *Reflexive Language: Reported Speech and Metapragmatics* [C]. Cambridge: Cambridge University, 1993

Marconi, Diego. *Lexical Competence* [M]. Cambridge, Mass.: The MIT Press, 1997.

Marmaridou, Sophia S. A. *Pragmatic Meaning and Cognition* [M]. Amsterdam: John Benjamins Publishing Company, 2000.

Mey Jacob. *Pragmatics: An Introduction* [M]. Oxford: Blackwell Publis-hers, 1993.

McDonald S. Exploring theProcess of Inference Generation in Sarcasm: A Review of Normal and Clinical Studies [J]. *Brain and Language*, 1999 (68): 486-506

McDonald S. NeuropsychologicalStudies of Sarcasm [J]. *Metaphor and Symbol*, 2000, (15): 85-98

McCawley, James, ContrastiveNegation and Metalinguistic Negation [A]. Lise Dobrin, et al. (eds.) *CLS 27: the Parasession on Negation* [C]. Chicago: Chicago Linguistic Society, 1991. 27 (2): 189-206.

Mitchley N, Barber J, Gray J, et al. Comprehension of Irony in Schizophrenia [J]. *Cognitive Neuropsychiatry*, 1998, 3 (2): 127-138

Monica G. Lazo, Peter D. Pumfrey and Ian Peers. Metalinguistic Awareness, Reading and Spelling: Roots and Branches of Literacy [J]. *Journal of Research in Reading*, 2009 (2)

MustafaMughazy, Metalinguistic Negation and Truth Functions: the Case of Egyptian Arabic [J], *Journal of Pragmatics*, 2003 (35): 1143-1160

MustafaMughazy, The Negative Operator as a Discourse Marker in Egyptian Arabic [A], Zeinab Ibrahim, Sanaa A. M. Makhlouf (ed.) . *Linguistics in an Age of Globalization: Perspectives on Arabic Language and Teaching* [C]. Cairo: AUC Press, 2008: 91-104)

Noh, Eun-Ju. Echo questions: Metarepresentation and Pragmatic Enrichment [J]. *Linguistics and Philosophy*, 1998 (21): 603-628.

Noh, Eun-Ju. *Metarepresentation*: *A Relevance-Theory Approach* [M]. Amsterdam: John Benjamins Publishing Company, 2000.

Nunberg, G. *The Pragmatics of Reference* [M]. Bloomington, Ind.: Indiana University Linguistics club, 1978

Ogden, C. K. &I. A. Richards. *The Meaning of Meaning* [M]. London & New York: Roultedge & Kegen Paul, 1923.

Rakova, Marina. *The Extent of the Literal*: *Metaphor*, *Polysemy and the Theories of Concepts* [M]. Houndmills, UK: Palgrave. Macmillan, 2003.

Russell, B. On denoting [J]. *Mind*, 1905 (14): 479-493

Saka, P. Quotation and the Use-mention Distinction [J]. *Mind*, 1998 (107): 113-133.

Saka, P. Quotational Constructions [A]. In P. de Brabanter (ed.) *Hybrid Quotations* [C]. Amsterdam: John Benjamins Publishing Company, 2005: 187-212.

Searle, J. *Expression and Meaning* [M]. Cambridge: Cambridge University Press, 1979.

Sells, Peter. Three Aspects of Negation in Korean [J]. *Journal of Linguistic Studies*, 2001 (6): 1-15.

Sperber, D. & D. Wilson. *Relevance*: *Communication and Cognition* [M]. Oxford: Basil Blackwell, 1986/1995.

Sperber, D. & D. Wilson. Preface [A]. 何自然 冉永平编, 语用与认知——关联理论研究 [C]. 外语教学与研究出版社, 2001: 1-16

Strawson, P. F. On Referring [J]. *Mind*, 1950 (59): 320-344.

Talmy, L. *Toward a Cognitive Semantics*, *vol. 1*: *Concept Structuring Systems* [M]. Cambridge, MA: MIT Press, 2000a.

Talmy, L. *Toward a Cognitive Semantics*, *vol. 2*: *Typology and Process in Concept Structuring* [M]. Cambridge, MA: MIT Press, 2000b.

Teng, Shou-Hsin. Negation in Chinese [J]. *Journal of Chinese Linguistics*, 1974, (2): 125-140.

Tompkins C N, Mateer C A. Right Hemisphere Appreciation of Prosodic and Linguistic Indications of Implicit Attitude [J]. *Brain and Language*, 1985 (24): 185-203

Tunmer, W. , & Herriman, M. The Development of Metalinguistic Awareness: A Conceptual Overview [A]. In W. Tunmer, C. Pratt, & M. Herriman (Eds.), *Metalinguistic Awareness in Children: Theory, Research and Implications* [C]. Berlin: Springer-Verlag, 1984: 12 –35

Van derSandt, R Denial. Lise Dobrin, et al. (eds.) *CLS 27: the Parasession on Negation* [C]. Chicago: Chicago Linguistic Society, 1991 (27): 331 –344.

Van der Sandt, R Presupposition Projection as Anaphora Resolution [J]. *Journal of Semantics*, 1992 (9): 333 –377.

Van der Sandt, R. Denial and Presupposition [A]. H. R. Peter Kuhnlein and H. Zeevat (Eds.) *Perspectives on Dialogue in the New Millennium* [C]. Amsterdam: John Benjamins, 2003: 59 –77

Wible, David & Chen, Eva. Linguistic Limits on Metalinguistic Negation: Evidence from Mandarin and English [J]. *Language and Linguistics*, 2000 (2): 233 –255

Wilson, Deirdre and DanSperber. Representation and Relevance [A]. In: R. Kempson, ed. , *Mental Representations: The Interface Between Language and Reality* [C]. Cambridge: Cambridge University Press, 1988: 133 –153.

Wilson, Deirdre &Sperber, Dan. On Verbal Irony [J]. *Lingua*, 1992 (1): 53 –76.

Wilson, Deirdre &Sperber, Dan. Linguistic Form and Relevance [J] . *Lingua*, 1993 (2): 1 –25.

Winner E, Leekam S. Distinguishing Irony from Deception: Understanding the Speaker's Second-order Intention [J]. *British Journal of Developmental Psychology* , 1991, (2): 257 –270

Winner, E. & Gardner, H. Metaphor andirony: Two levels of understanding [A]. Ortony. *Metaphor and Thought* [C]. Cambridge: CUP, 1979/93. : 425 –443

Winner E. , Brownell H. , Happè F. , et al. Distinguishing Lies from Jokes: Theory of Mind Deficits and Discourse Interpretation in Right Hemisphere Brain Damaged patients [J]. *Brain and Language*, 1998 (62): 89 –106

Yamaguchi, Haruhiko. How to Pull Strings with Words: Deceptive Violations in the Garden-Path Joke [J]. *Journal of Pragmatics*, 1988 (12): 323 - 337

Yoshimura, A. Procedural Semantics andMetalinguistcs Negation [A] In: Carston, R. & Uchida, S. (eds.). *Relevance Theory, Applications and Implications* [C]. John Benjamines, 1998: 105 - 122.

Yoon, H-J, Negation and NPI [A] Y. - S. Kim et al. (eds.), *Explorations in Generative Grammar* [C], Seoul: Hankuk, 1994: 700 - 719